销售圣经 Ⅱ

销售之神的21.5条销售法则

[美] 杰弗里·吉特默（Jeffrey Gitomer）◎著
姜奕晖◎译

JEFFREY GITOMER'S 21.5 UNBREAKABLE LAWS OF SELLING

Proven Actions
You Must Take to
Make Easier,
Faster, Bigger Sales…
Now and Forever!

中信出版集团 · CHINACITICPRESS · 北京

图书在版编目（CIP）数据

销售圣经.2，销售之神的21.5条销售法则 /（美）
吉特默著；姜奕晖译.—北京：中信出版社，2015.11（2025.5重印）
书名原文：Jeffrey Gitomer's 21.5 Unbreakable Laws of Selling
ISBN 978-7-5086-5541-3

I.①销… II.①吉…②姜… III.①销售学 IV.
①F713.3

中国版本图书馆CIP数据核字（2015）第231390号

销售圣经2：销售之神的21.5条销售法则

著　　者：[美]杰弗里 · 吉特默
译　　者：姜奕晖
插　　画：方　芳
策划推广：中信出版社（China CITIC Press）
出版发行：中信出版集团股份有限公司
（北京市朝阳区东三环北路27号嘉铭中心　邮编　100020）
（CITIC Publishing Group）
承 印 者：河北鹏润印刷有限公司

开　　本：787mm×1092mm　1/16　　印　　张：20　　字　　数：160千字
版　　次：2015年11月第1版　　印　　次：2025年5月第11次印刷
京权图字：01-2014-3549
书　　号：ISBN 978-7-5086-5541-3 / F · 3492
定　　价：69.00元

规则变化无常，法则一成不变；
规则有望撼动，法则牢不可破。

——杰弗里·吉特默

销售不必处处遵循游戏规则
销售必须服从执行根本法则

世上每一名销售员都在想方设法做出更高的销售业绩。有可能，你还挣扎在销售定额或者销售计划的边缘，不得不绞尽脑汁；也有可能，你已经做得顺风顺水，还盼着更上一层楼。

你很幸运，要想卖出更多的东西，办法绝不止一种。

现实：你面临这样一种销售情境——交易失败。你很肯定本该顺利拿下这笔生意，只可惜事与愿违，某些事（或者某件事）出了差错。

或许，你会怪罪于价格、采购、招标、竞争之类的各种外界因素，但事实是——你之所以丢掉这笔生意，是因为你违反了某一条销售法则。

- 是价值与价格法则？
- 是销售演示技巧？
- 是缺乏证明？
- 还是你没能建立信任？

不论违反哪一条法则，结果都会让你丢掉生意。

时光倒流：20 世纪 70 年代中期，我和一大帮竞争对手在纽约城中心斗得你死我活。最后我赢了。赢得光明正大。

随着年纪渐长，我才慢慢意识到，我早年的成就是建立在沟通能力的基础上。我的对手们缺少像我这样的热情，也没有像我这样的信念，更没有将自己的热情和信念传递给顾客的本事。

请别误以为我经手的每一笔生意都能成交。我还差得远呢。但我可以告诉你，我从每次失败中都总结出教训，也都写成了文字。

之后的几年里，我开始把自己的销售理念和销售策略教给别人。我发现我确实能把自己的销售热情给传递出去，还能让人喜闻乐见。人们采纳了我的建议，屡试不爽。没多久，越来越多的人都想要学习我更多的思想。

自从我充分理解自己的热情是源于热爱，我的领悟和愿景便不断发展，也变得清晰：

- 自从我明白我热爱销售，我就想要做到最好。
- 自从我明白我热爱销售写作，我就想要做到最好。
- 自从我明白我热爱销售演讲，我就想要做到最好。

你能不能也像我一样，说说你对本职工作的热爱呢？

慢慢来吧，这需要时间。

1. 销售生涯的头一个 10 年，我学到了销售的规则。

2. 销售生涯的第二个 10 年，我更热爱销售，也更信赖自己销售的产品。

3. 销售生涯的第三个 10 年，我开始迫切想要把自己学到的一切通过写作和演讲传达给他人，让其他人也能将我的技巧、我的成就转变成他们的技巧、他们的成就、他们的财富——或者更确切地说，你的财富。

3.5. 如今，销售生涯的第四个 10 年过去了，我终于明白，唯有遵从牢不可破的法则，才能最终实现我们期望的结果——销售成交！

现在，我将自己的销售知识和销售成就精炼成 21.5 条销售法则，这些法则不仅是不证自明的真理，更是帮助你提升销售业绩的踏脚石。

一旦你读过这些销售法则，认真理解，用心实践，就会明白这些法则为何牢不可破。一旦你开始掌握这些法则，就会为自己的销售和事业成功奠定坚实的基础。

那是你辛勤工作换来的果实。那是你应得的奖赏。

如果学会这些法则——如果努力掌握
这些法则——那么销售果实会来得
更加容易、更加快速。

——杰弗里·吉特默

目　录

掌握销售法则，
包你满载而归。

——杰弗里·吉特默

法则 1
吸引潜在买家

挑　战

你是等想买东西的人不停打电话过来呢，还是（像傻瓜一样）仍在做陌生拜访呢？随便问问而已啦。你认为自己在市场上的价值是什么？我希望你能在价值方面占据主动。要是你能向市场持续注入足够的价值，那么想购买的客户就会主动打电话给你。这就是杀手级法则。

Unbreakable

Law

1

Attract Willing Buyers

法则1　吸引潜在买家

95 / 95 定理，你属于哪 95？

如果潜在客户主动电话联系你，出于种种原因想要购买你的产品（可能因为他们听说了你的一些好事儿，也可能因为他们读到与你有关的东西，还有可能是他们读过你写的东西，或是其他人的文字里提到了你），那么你能因此成交进而建立关系的可能性是 95%。

胜算不低。

原因：潜在客户致电寻求信息，目的就是想买东西。

回归现实：你走进办公室，坐在桌子前。今天，你将要（而且是必须要）给潜在客户打 100 个电话（而且是向陌生人进行电话推销）。

最后对方说“不”并且挂断电话的可能性是 95%。胜算渺茫。而在剩下 5% 多少有点儿兴趣的听众里面，最终出钱购买的人可能只有一个。

问题是，你还得要用尽每条销售渠道，历经整个销售周期，为的就是换来仅此一个客户。产品供应、客户约谈、建议书、招投标、随后跟进的广告攻势、锁定有发言权的决策人，还有其他你（或你的公司）因为自身能力无法为市场提供价值而树立起来的一道道销售屏障。

问题重述：如果你能接到潜在客户的主动来电，那么销售达成的概率是95%；如果你要主动向潜在客户去电，那么销售流产的概率也是95%。

昨天：过去10年间（昨天），很有可能你已经靠采摘一些唾手可得的果实而获得销售大丰收，而身为销售员的你，可能也这样掂量自己："我很出色。我可以跻身总统俱乐部。"

今天：突然之间你就来到了今天，眼下你正在四处搜寻果实。不料哪儿都找不着了。

如今你已陷入了手忙脚乱模式，原因如下：

1. 你没有搭建好任何一种社交媒体平台。

2. 你没有任何可供证明自身价值或所售产品价值的视频资料。

3. 你在同业市场上名声寥寥甚至默默无闻。

4. 你销售的产品或服务竞争相当激烈，你很难脱颖而出，很难超越那些你痛恨的家伙——你的竞争对手。

4.5. 你没有向现有客户一周接一周地发送有价值的信息。

要是你到现在还在使用营销信息或者销售信息，那么这些东西起到的作用是推远而不是拉近，是排斥而不是吸引。

明天：这让我想到明天。或者借用迪斯尼乐园的说法，就是"明日世界"。你从心底相信，只要眼下的经济形势有所改观，"明日世界"就会步入正轨，一切都会好起来——当然，你也会过上幸福快乐的日子，重新加入总统俱乐部。

你可能还会像隔壁园区的“幻想世界”那样，跟米奇和米妮握手，还要特别问候高飞[①]。

有句老话说得好：“要想事情变得更好，先让自己变得更好。”假如你上一次没准备好，下一次也没准备好，那么该大干一场的时候就是现在。更强、更快、更努力，还要比以往任何时候更有决心。

如果销售步入歧途，竞争对手就会乘虚而入，接近你的现有客户，他们开出的价格让客户更乐意敞开钱袋子。

为此，你必须提供有价值的服务，你必须成为有价值的合作伙伴，你必须成为价值的提供者。如果做不到，你只能失去这笔生意，或者更糟的是，客户会要求你降低报价。（在这个利润至上的世界里，降低售价跟丢掉生意没什么两样。）

现在，是时候给你自己投资了。现在，是时候给客户投资了，这样才能在前进的方向上赢得95%的摆幅。现在，是时候让“价值”闪亮登场了。

我所推荐的做法很少有替代办法；即便是有方法可以替代，也没有任何一种方法能像我的建议那样有效。

很多销售员这一刻都在做什么呢？要么满腹牢骚，要么惊慌失措。该关心客户幸福度之时，他们在担心自己的饭碗；该关注客户忠诚度状况之时，他们在担心世界的状况。

上面所说的95%成功策略固然非常简单，但要想接到源源不断的客户来电，也得付出诸多努力：

① 高飞（Goofy），迪士尼卡通片中的人物。——编者注

- 成为贯彻一致的价值提供者，尤其是面向现有客户。
- 利用社交媒体平台，发布现有客户和潜在客户都能从中受益的价值信息。
- 树立无可挑剔的声誉。
- 赢得现有客户的认可、支持和忠诚度。
- 运用所有出色运动员都会用到的策略：自我对话等于自我排练。

告诉自己，你可以接住飞过本垒板的球；告诉自己，你可以击出本垒打；告诉自己，你可以在接到弃踢球后回攻达阵。并且想象自己成功做到了。

弄清你的价值信息所在，既考虑到你的客户感知，也能让客户乐意接受。

然后完成下面这件95%的销售员完不成的事：起身行动，今天就开始。

吉氏免费小贴士：

如果你想阅读更多如何让潜在客户持续来电的策略，请访问www.gitomer.com，并在GitBit框内输入单词“Unsolicited”（主动来电）。

在我多年来的成就背后，
努力工作一直是我的秘密武器。
你也能做到。

——杰弗里 · 吉特默

告别陌生拜访，建议五花八门

直到现在，还有人认为陌生拜访在销售界存在一定价值，我实在受不了这种论调。求求你们告诉我，价值到底在哪儿？

我们来看看下面这些统计数据和事实吧……

- 惨遭拒绝：可能性为95%以上。
- 中途打断：可能性为100%。
- 对方已经听过你要卖的东西：可能性为100%。
- 对方已经有了你要卖的东西：可能性为100%。
- 要求接通决策人电话时受阻：可能性为100%。
- 缺少针对客户的个性化准备：可能性为100%。
- 大多数销售经理做不到他们要求麾下销售员做的事。
- 影响销售员业绩的最主要原因是拒绝。

• 问问任何一位销售员，他们是希望做 100 次陌生拜访，还是希望获得 1 次引荐。

提问：既然统计数据已经这么骇人听闻，为什么销售经理还要坚持进行陌生拜访，甚至还要统计次数呢？

回答：我实在是想不通。

陌生拜访糟糕透了。

要告别陌生拜访，以下是与现实世界相联结的 12.5 条策略：

1. 建立关系，获得引荐。拜访现有客户，提供想法，给予帮助。

2. 使用LinkedIn网站获得新人脉。使用“关键词”搜索功能，开辟你从没考虑过的潜在客户群；与他们建立联系，但不要使用网站的标准措辞，用词要原创。

3. 借助非正式关系网络，请对方介绍客户。建立与维护本地关系、特定行业关系，对于获得成功而言至关重要。从你尊重和欣赏的人群中准确定位同样尊重和欣赏你才能的人。

4. 参与尽可能高层次的面对面交流。不要参加“8 小时以外”的业余鸡尾酒会，而要加入高层次的主管小组并参与讨论。

5. 加入商业协会，而非销售下线俱乐部。设法融入企业所有者齐聚一堂的组织机构。

6. 公开演讲。所有民间团体都渴望看到每周例会上冒出一个又一个演讲者，不妨让自己成为万众期待的那个演讲者。如果你做了一场有价值的报告，一场让人牢记的演讲，那么现场每位听众都会想要与你建立关系。

每做一次演讲，你就有望赢得50个发展机会。

7. 商展发言。与其绞尽脑汁让客户一步一步推杆入洞，何不就在现场做一番精彩演说，好让每个走过展台的人都驻足称赞呢？

8. 撰写文章。世上再没有什么东西能像文字那般魅力无穷了。写作能够改变一种职业，这方面我就是个活生生的例子。让自己成为著名的业内专家，把自己摆在可能答应购买的那些人面前。

9. 撰写行业白皮书。CEO们想做的事儿都大同小异，就是打造出色信誉度、维持客户忠诚度、维护员工忠诚度、杜绝问题、保证安全、设法获利。不妨写写你们行业的具体做法，这样每个人都会想找来读（也会想与你会面）。写白皮书好，还是写小册子好？这个问题该由你来回答。哪个更有可能让你受邀入门？哪个更有可能让你赢得尊重？哪个更有可能让你树立声誉？还有最当头棒喝的问题：哪个是你自己正在用的？

10. 提供引荐。没错，提供引荐。要想获得尊重，要想财源滚滚，要想有口皆碑，要想名满天下，还能有什么更好的办法？警告：这一点需要辛勤耕耘！

11. 向现有客户和潜在客户每周发送一次价值信息。10多年来，我的每周专栏文章和电子邮件杂志《销售咖啡因》（*Sales Caffeine*）一直为我的客户提供价值，也为我带来收益。那么你的呢？

12. 联系还没有100%使用贵产品线的既有客户。请记住：金子就在自家后院。不必打电话给陌生人，应该打电话给现有客户，向他们介绍更多业务。

12.5. 重新接触流失客户。这个策略虽然少有人用，但绝对比世上任何陌生拜访活动都赚得更多。联系流失客户需要很大的勇气，但一旦弄清他们“为什么”流失，你就可以想出办法，重新揽回这些生意——往往比手头生意的一半还要多。

陌生拜访的时间挑战：要给陌生人拨打这些无用的销售电话，你真正花费的时间有多少？你不会想知道答案的。你花费的这些时间里，浪费的时间又占多少？你更不会想知道答案了。

非要给陌生人打电话不可？老板命令你必须做陌生拜访？这里教你一招儿灵活变通的策略：合理分配时间。

要是你一周得做 50 次陌生拜访，那么请合理分配时间，腾出足够的小时数，这一周也要联系 50 位现有客户或流失客户。

然后，要求老板和你一起完成以上两件事。让他／她亲眼看到陌生拜访毫无用处。请他们也打 50 个陌生销售电话试试。

我敢打赌，他们做不到，也不会做。

现实：巧用上述策略吸引有意愿的买家，你就能让自己的销售数字翻一番。老板绝不会过问你有没有拨打过某个推销电话，一丁点儿都不会。事实上，老板只会问你，你到底是怎么办到的。

如果违反法则：你要是还在给陌生人打推销电话，挖掘潜在客户，那么就已经违反了这条法则。单靠陌生拜访，你怎么可能谈成一笔具有长期关系和客户忠诚度的生意呢？

好吧，说起给陌生人打推销电话，求对方引荐，签下一单又一单不怎么持久的合同，确实有些公司在这方面做得很成功。但是，他们付出的代价是：客户流动性很高，销售团队流动性很高，客户忠诚度几乎为零。

如果你还要违反这条法则，那么你就得继续同数字、招投标、建议书、价格较劲，还会撞上其他形形色色的障碍，大大拉低你的某些销售能力，连谈成生意都有问题，更不用说赢得生意了。

如果遵从法则：如果你能吸引有意愿的买家，那些准备买东西的人就会不停打电话给你。你要做的事情就是回答“好”，然后表现得态度友善，乐于助人，也很容易合作。

除了电话一直响起，这条法则还能带来许多其他好处：

- 经营哲学得到巩固。
- 自我信念、自信、自尊冲天飞涨。
- 无须“界定目标买家”，主动来电的人就已自动界定为目标买家。
- 唯一要做的事就是帮助他们。
- 价格战不再成为问题。
- 士气得到提振。
- 销售同样得到提振！

注意：本条法则有理有据，很好理解——这是轻松的部分。本条法则需要长期努力，辛勤付出——这是辛苦的部分。

不要像大多数销售员一样，
不愿意做让销售变轻松的辛苦工作。

啊哈！陌生拜访已死。只有无知的人还在继续做。
你是想获得一次引荐，
还是做一百次陌生拜访？
啊哈！把时间投入到能换来最高回报的事情上。

实现关键：“赢取95%”不只是一种策略，更是一段过程。这个理念需要花时间才能实现。这是好事儿。再也不会碰上“这个月达不到目标就滚蛋”的个人或者企业了。还有，这条法则并不是类似于“Google一下广告词”那样简短的过程，而是所谓的长期战略，能产生长期影响的长期战略。

没错，你会踏上一段漫长的上坡路。至于坡度的大小，取决于你当前的平台、信息类型、直接销售需求以及领导者的愿景。这是“过程”部分。

那么留给你的任务在于，吸引有意愿的买家是获得长期销售成功的关键，现在是时候启程了。

要是今天就开始，6个月后能步入正轨，一年后能美梦成真。然后，电话就会不停打进来。

凭什么要相信我说的话是真的？告诉你吧，过去20年来，我一直都属于上边儿那95%。

衡量标准：我个人使用Twitter（推特）来衡量我们的工作效率。我的目标是每天收到转发和评论共计100条。

你可以把自己的目标定为每天收到转发10条。评估一下你的信息在他人眼中有多少价值，要是你能找到Twitter用户一直关注这些信息，就说明一切确实值得。这个办法会带你走向真正的95%。

法则 2
修炼“好！”心态

挑　战

你的心态如何？或者我应该问，你的心态能保持几分一致性？或者我换个问法，你有“好！”心态吗？或者我再换个问题，你的心态容易转变吗？这些问题可能会让你有点不舒服，但你必须认识到，心态是销售成功的根本和基础。如果你的心态时常犹豫不决，或是受到外部环境（客户拒绝、报酬方案改变、竞争）的冲击，那么是时候善用心态的力量，助你拥有一生的安宁，达成销售的胜利了。

Unbreakable Law 2

Think YES!

法则2　修炼“好！”心态

心态为何重要?

包括你在内的所有人，都希望获得更多，希望赚得更多，希望找到幸福，希望一帆风顺，希望心想事成。哦，当然，还有做成更多销售!

所有这些要素的根源就是心态——积极心态——你的积极心态。

包括你在内的所有人，都能凭直觉就明白这一点。然而，大多数人都没能100%拥抱自己的积极心态，甚至还没有完全找到自己的积极心态。

- 大多数人没有关注过自己的心态。
- 大多数人没有学习过心态。
- 大多数人没有练习过心态。
- 大多数人没有践行心态的精髓。
- 大多数人没有恪守心态的原则。
- 大多数人没有专门钻研过心态。

- 大多数人没有读过任何一本讲心态的书。

这也包括你在内?

我相信我生来就有积极的心态，我相信你生来也有积极的心态。我花了24年才找到我的积极心态，我不知道你有没有找到你的积极心态。

这句话你以前一定听过:“态度决定一切!”

不过，我打算把这句话揉开来、掰碎了跟你讲——也许是第一次这样做。心态能够控制、支配、影响、指导你的事业、你的家庭生活、你的个人生活和你自己。心态能够影响乃至左右你的人脉关系、你的业务成就和你的健康。

我在《“好!”心态小金书》(*Little Gold Book of YES! Attitude*)一书中解释了“积极”心态和“好!”心态的差别。如果碰上很棒的事儿，你不会大叫“积极!”。要是果真碰上很棒的事儿，你会大叫“好!”。

当你谈到这个心智和言语层面的认识时，就会发现这种思维上的差别虽然很细微，但很强大。

你会用哪种语言?不，我的意思不是说西班牙语、法语还是英语。我的意思是积极还是消极。心态语言。

曾经有一天，我望着窗外的倾盆大雨。我对妻子说:“今天真是倒霉。”杰茜卡用轻柔安抚的口吻回答道:“我可不这么觉得。”(她的心情从来不会受天气摆布，她可是在西雅图长大的!)她思考的是“今天”如何，而不是“天气”如何。

按照类似的造句法，每个人口中都可能说出“今天真糟糕”之类的话。你也不例外。今天之所以倒霉，就是始于你的思考方式、你的谈论方式。重点不在于外面的天气，而在于里面的天气——你心里的天气。

- 你居住地点的天气如何？
- 你工作地点的天气如何？
- 你玩乐地点的天气如何？
- 你思考地点的天气如何？

积极心态通常的定义是："一种能让你全身心投入自己思考方式的方式。"你会完完全全处于它的控制之下。

练就"好！"心态！

积极思考是一种自律，一种日常的自律。你可以掌控它。你可以做到。也可能你现在还办不到。

采取积极行动取决于积极思考。如果你不能想得积极，你就不能变得积极，更不能做得积极。

心态的定义有很多，看待心态的方式也有很多。不少书都写了有关心态的内容，你或许还没有机会接触。这些书里的精彩见解可以帮助你。你应该让自己涉猎这些书，看看哪些东西对你有用，哪些东西能帮你练就积极心态。

这类书籍包括人际关系学大师戴尔·卡内基（Dale Carnegie）的《人性的弱点》（*How to Win Friends and Influence People*）、励志成功大师拿破仑·希尔（Napoleon Hill）的《思考致富》（*Think & Grow Rich*），里面不仅介绍了理论体系，提出了具体对策，更讲述了男男女女练就积极心态的相关故事——这些都能助你一臂之力。

你应该买些书来，每天读几页。（这就是心态修炼的一大秘诀：阅读心态，学习心态，每天 15 分钟。）

好消息来了：积极心态近在咫尺，任君自取，你需要做的就是阅读、学习、应用——每天如此。

要想练就积极心态，适应积极心态，你还得面对一项终极挑战：你要下定决心，甘愿付出时间；你要心生欲望，为自己创造可能。

心态比生意重要。

重要的原因在于：

- 你的心态能让销售水到渠成，让关系开花结果。
- 你的心态是目前唯一已知的针对不断遭拒的治病良方。
- 你的心态如同火花，照亮你的个人魅力，引燃你在演示背后的魅力。

而当你把自己的心态加热升温（变成激情、热情），你就可以把你的心态传递给客户，让他们也感觉舒畅，还能营造出购物愉快的良好氛围。

吉氏免费小贴士：

如果你想阅读更多如何练就积极心态的观点，请访问 www.gitomer.com，并在 GitBit 框内输入单词“attitude starters”（心态学习入门）。

当你有了“好！”心态，
你就会看到可能，而不是不可能。

——杰弗里·吉特默

是什么让你绽放笑容？
是什么让你改变心情？

情境设想：一架班机从伦敦起飞，经过8小时飞行，刚刚降落在肯尼迪机场。我、杰茜卡，还有我们当时年仅一岁的女儿加布丽埃勒。

加布丽埃勒虽然出生不过一年，却早已是个经验丰富的“空中飞人”了。大西洋两次，太平洋三次，而在飞往欧洲的处女航中，她还在护照上盖了6枚印章。她在伦敦飞往纽约的航班上一声没吭，现在又赶上了临时滞留，三小时后才能坐上班机，飞向北卡罗来纳夏洛特的家中。

为了搭乘穿越航空公司（AirTran）的飞机，我们得从4号航站楼赶到7号航站楼，还得再次通过安检，更没有对长达三小时的候机时间有多大期待。

友情提示：要是你经常飞来飞去，对时差就没什么可抱怨的了。多年来的飞行经历，让我创立了属于自己的时区哲学体系：我活在自己的时区里。飞机一落地，外面可能是白天，也可能是黑夜。我就会根据当地时间做一番心理调整，紧接着，我的身体好像也会跟着得到调整。

言归正传，我们一行到了7号航站楼，肚子空空，于是也在四处寻找美味但昂贵的机场食品。我们找到一家店，卖的是新鲜出炉的三明治，看起来味道还不错。

我走到柜台前，瞟到后面的台子上摆着一只剖开的牛油果。我要了一份鸡蛋沙拉三明治，杰茜卡要了一份火鸡加切达芝士三明治，我还询问这位给我们上菜的女士，我们能不能再买点儿牛油果，好喂给加布丽埃勒吃。

“我们不卖牛油果！”她咆哮道。

我向她提了好几次，尽管她身后的柜台上就放着切开的牛油果，她还是态度强硬，绝不松口，一副美国东北部人“我说了算”的做派——不苟言笑，不容置疑，你要是不喜欢，一边儿待着去。

她转身走开了。

柜台后还站着另一位女服务员，目睹了有关牛油果的多次交锋，也对我怀中的宝宝心生怜悯。她走过来问我：“来一份牛油果三明治怎么样？”“太好啦！”我答道，“谢谢你！”

她笑了起来，花了一分半时间切好了整个牛油果，夹在两片面包之间，包装好。

我看了看外包装，上面写着：“芝士三明治三份。”那个女服务员笑着对我说：“我们店里其实不卖牛油果。你就拿着这个去吧，这样好付账。”

我付了钱，回到桌子前坐下。我们吃着三明治，喂着小婴儿。然后，我又回到柜台，再次向那个女人表达谢意，并给了她10美元小费。她朝我微笑着，几乎快流出眼泪来，直视着我的眼睛说：“谢谢你。”

我喜欢人与人之间随手行善。

与此同时，我们回家的飞机又延误了一个小时。机场里挤满了人，大多数是纽约人，大多数是因航班延误而态度恶化的纽约人。

终于，我们登机了。我们因为带着宝宝，所以第一个上了飞机。在 1 排坐下后，杰茜卡立刻把加布丽埃勒固定在她的汽车安全座椅上，打开她的DVD播放器，再把播放器放在加布丽埃勒的两腿之间。

幼儿教育节目《芝麻街》（*Sesame Street*）开始播放了，现在加布丽埃勒两腿搁在播放器旁，两耳戴着红色耳机，看起来悠游自在，好像在挑战人类的懒散极限，伴着《芝麻街》系列《你的邻居是谁？》（*Who Are the People in Your Neighborhood?*）里的声音，开心地手舞足蹈。

我的座位是 1 排D座，就在通道另一侧，因此我能看到每个人登机时的模样。上飞机时，每一个人看起来都闷闷不乐，要么因航班延误而发怒，要么为机场的物价愤愤不平，或者干脆生全世界的气。

每位乘客都拐了个弯，开始找自己的座位，当他们看到了加布丽埃勒，脸上马上堆满了笑容。要是同行的有两个人，他们就会笑起来，相互交谈。“快看，那个漂亮宝宝在看电影！”他们会停下脚步，沉浸在加布丽埃勒的喜悦之中。

接下来的 11 分钟里，每一个登机的人都停下来，笑着指一指加布丽埃勒，甚至跟完全不认识的人谈笑风生。

加布丽埃勒天真无邪，自行其是，却改变了所有乘客的心情。就连空姐也大为惊奇，人们还纷纷拍下照片。

你现在心情如何？什么事能让你改变心情？你从好心情变到坏心情，或者从坏心情变到好心情，有多容易？

大多数难得有好心情的人并没有意识到，他们有权选择自己的心情。加布丽埃勒创造了一个罕见的机会，改变了137种心情，瞬间完成。有的时候，每个人都需要设法改变心情。找到你的办法，用来触发更好的心情——甚至极好的心情——瞬间完成。

如果违反法则：心态法则格外容易违反，要是你的心态会很容易从积极倒向中性，再倒向消极，那就更容易违反了。要是违反了心态法则，你周围的每个人都会被波及：你的家人、你的朋友、你的同事、你的客户。一般来说，你的积极心态之所以被打破，是出于某种反应——因为发生了某事，你才做出反应。解救办法很简单：先思考，再反应。要提问题，不要下结论。而最重要的是，要考虑问题的根源。

如果遵从法则：心态二字会变幻出无穷魔力。心态不仅能传递给他人，还会传染。心态决定了会议基调、沟通基调，还有你的关系基调。心态帮你打造出乐天派的良好形象。

积极心态——也就是“好！”心态——对于促成约见、促成协议、促成融洽关系以及促成销售的作用之大，绝对让你吃惊。对我来说，心态最强大的功效之一，就是能让你专注于为什么某些事能做成，而不是盯着为什么某些事做不成。

注意：心态要求始终一致。心态不能时断时续，不能时有时无，也不能只涉及大部分时间。必须随时随地调整心态。

实现关键：如果你想知道秘诀，我可以教你我平常生活在用的一招儿：我每天都会做至少一件举手之劳的好事，我每天都会在与我互动的人那里博得至少10个笑容。

请放手一试。换来的结果，还有笑容，都会带给你惊喜。

心态充满力量，个人力量。
心态最好的部分在于：心态受你掌控。
你思考的方式，你发展的方式，
你表达心态的方式，都由你决定。

——杰弗里·吉特默

法则 3
相信方能成功

挑 战

要是你想找一种秘密武器，助你卖得更多、赚得更多，那么这种武器的支点就是你的信念体系。你对自己公司的信念，对自己产品的信念，对自己传达信息能力的信念，对自己必能打败竞争对手、脱颖而出的信念，对自己向客户证明价值之能力的信念，对客户买了你的产品后会变得更好的坚定信念，这些信念会带领你卖出更多，使你的钱包更鼓。理解信念的关键是理解信念之源。信念不是来自头脑，信念来自内心。从心开始。

Unbreakable Law 3

Believe Before You Succeed

法则3　相信方能成功

你是一个忠实信徒，还是只是一个销售员

你的信念是什么？你真正信仰的是什么？

我向你提出这些问题，这样你就可以更清楚地看出，生意为什么谈成，又为什么流产。

“杰弗里，你不懂，”你抱怨道，“我们的客户都是价格至上的买家！”不，杰克逊，是你不懂。是你相信他们是价格至上的买家。除非你改变自己的信念，否则他们就一直是价格至上的买家。

简单规则：改变你的信念，就能改变你的结果。

较简规则：你的信念左右你的销售业绩。

至简规则：明确思想和坚定付出，助你稳固你的信念。

深入探讨：在你准备做销售时，你的信念体系威力无穷，能够主宰你对胜利的渴求。自从你入职公司以来，这些信念早已或有意或无意地生根

发芽——而当你每做成一笔生意，每拉到一笔生意，每丢掉一笔生意，这些信念也随之开枝散叶。

你可能会把信念看成是“信仰”。一种常见的信念是：“我对我们公司兑现承诺的能力已经失去了信仰。”还有些人则是对产品、对老板、对公司道德，甚至对经济都失去了信仰。

信念共有五大要素。要想成为出色的销售员，你必须贯彻所有 5 条要素的信念。另外还有 0.5 条要素能帮助你改变或强化自己的信念。

1. 你必须相信你任职的公司是世界上最棒的。

2. 你必须相信你出售的产品和服务是世界上最棒的。

3. 你必须相信自己。

（友情提示：请先暂停，自我反省一下。要是上述 3 条信念——公司、产品和服务、自我——还不存在，还不够扎实，那么下面 2.5 条信念就根本无法理解，更别说贯彻了……）

4. 你必须相信自己有能力战胜竞争对手，与众不同，让客户感知到你跟他们有差别，你比他们有价值。要是客户感知不到你与竞争对手之间的差别，要是客户感知不到你提供的价值，那么剩下的只有拼价格了。

5. 你必须相信客户买了你的产品后会变得更好。不要只在头脑中相信，而要从心底相信。

5.5. 你应该用思想和心态来控制自己的信念。而明白这一点，是为你所有言谈举止构建和维持积极信念的关键所在。一旦这个信念开始动摇，那就到了离开的时候了，到了该另寻其他信念的时候了。

这 5.5 条信念要素会助力你的前期准备，接下来是你的现场演示，帮你实现新高度、新销售、新成功。

当心：信念中也不乏限制你成功的消极信念，即使你具备了黄金五要素。

- 相信你的价格定得过高。
- 相信你的竞争对手在你试图进入的商业领域牢牢占优势。
- 相信销售是一个招投标过程，要是没有最低投标价，就会丢掉生意。
- 相信你从事的销售工作没有结果。

天大的好消息：你对 5.5 条信念要素掌握得越深，消极信念就越难浮出水面，你的销售周期也会越快结束——手握订单。

理解要点：信念不是一天建成的——信念来自一天又一天，要随时间慢慢累积。但有朝一日登上最高处，信念几乎是坚不可摧的；信念会给你的准备工作注入激情，不消说，还会往你的钱包里塞满大钞。

你有信念吗？我希望你有。你的销售、你的成功，都依赖于你的信念。

你的信念和你的信念体系，
是你销售成功的根源，
也是你销售失败的祸首。

——杰弗里·吉特默

圣诞老人来了！圣诞老人来了！

1972年，我正在研究销售、积极心态和自我信念的时候，看了一部名为“挑战美国”（*Challenge to America*）的电影，几乎每天都看。

故事讲述者是伟大的格伦·特纳（Glenn W. Turner），电影里他每年都给圣诞老人写信，与他那位有钱的表兄每年写的信一模一样。格伦是个贫穷农夫家的孩子，除了苹果和橘子以外，从小就没收到过什么礼物，但他还是年年都向圣诞老人索要礼物，而且与他表兄索要的东西一模一样。但最终，格伦只能跑到谷仓背后大哭一场，年年如此。有一年，格伦的表兄想要一辆崭新的自行车，格伦也想要一辆崭新的自行车，结果再一次，表兄收到了，格伦只有空欢喜。但这一次，他跑到谷仓后面，说道：“圣诞老人，要是你永远都想这么干，那好吧。”

关于故事的结局，格伦是这样说的：“而在那一天，我决心成为自己的圣诞老人。”他鼓励所有观众成为自己的圣诞老人。要知道，那部电影起初我看了一二十回，都没有好好想过这一点。我认为这是个故事，我认为他说得不错，然后我就跳过了。那是 1972 年 11 月。

两个星期后，我列了一张圣诞礼品购物清单。与所有人一样，这份清单罗列了一堆“为什么每年都少不了这个人”的必备项目。后来我进了百货公司，走到男性专柜前，突然间，不知什么原因，我的脑海中冒出了“做你自己的圣诞老人”这一句话。于是，我买了些精美而昂贵的物品当作第一份礼物——送给我自己——因为我值得拥有。

“管他呢，”我对自己说，“反正我是圣诞老人。”自从那天起，我一直都在做自己的圣诞老人。于是，美妙的事情连接发生了。

- 对我来说，圣诞节不再仅仅是 12 月 25 日。只要我想，每天都是圣诞节。管他呢，反正我是圣诞老人。
- 通过给自己买礼物，我可以改变自己的任何心情。这就是圣诞老人的一大特权。
- 我快乐地度过每一天！

本着将影响他人一生的信息传递出去的精神，怀着你能把销售做得更快、更容易、更成功的希望，我盼着你能成为自己的圣诞老人。

友情提示：要是你已经有幸为人父母，这种身份转变并不算太大，因为对你的孩子而言，不论他们是大是小，你都已经是他们的圣诞老人了。

我们还是说得更详细一点儿。我来帮你完成你的转变吧。

我希望你能把以下礼物（排名不分先后）送给自己。有些礼物要花钱，有些礼物不花钱。（常言道，好东西往往不花钱。但所有这些礼物都会帮你加强对自我的信念，助你成为更完美的人。）

1. 送给自己学习的礼物。每天学点新东西。下定决心，每个月都买书、看书，学习研究、付诸实践。

2. 送给自己制订战术的礼物：盘算出切实可行的计划，目的是成为更好的人，而不光是更好的销售员。塑造你的人生观和态度——圣诞老人——好让你的行动具有明确目标。

3. 送给自己助力销售的礼物：送给他人商务礼物，一份能协助他人巩固业务而不是增大腰围的礼物。人们想要的不是食物，而是新生意。

4. 送给自己有趣的礼物。我会买些有趣而滑稽的艺术品。我把它挂在每天都能看到的地方。它让我笑口常开。而其他人看到它时也会忍不住发笑。把有趣的东西送给自己，你也同时营造出感染人心的氛围。这正是娱人娱己的精神，圣诞老人本人也绝对会竖起大拇指。

4.5. 统计自己的许愿次数。不只是在节假日。每天都要统计。不管坏孩子还是好孩子，每个人都能许愿。但统计次数的人少得可怜。而能意识到愿望是通往个人成功与个人实现的关键的人，更是少之又少。

好了，圣诞老人，我已经给你派活儿了。你的任务就是穿上衣服，演得像样点儿。

点睛之处：你会激起一股热情帮你揽到更多销售订单，而你的竞争对手只能收到他们圣诞节应得的东西——一堆煤。哈哈哈！

你的销售声音。
这个声音对自己说什么？
这个声音对别人说什么？

我在堪萨斯州托皮卡的沃什本大学主持一个讲习班，主办方是国际销售与市场高管组织（Sales & Marketing Executives International）。活动开始前，我打算同几位协会成员开个非正式的后勤会议。领我走进准备室的年轻女士名叫杰米，她跟我聊起了自己的职业生涯。我问她，你一直追求的东西是什么。

她的回答吓了我一大跳。她答道："我还在试图找到我的声音。"

我之所以吃惊，是因为我本以为会听到可能的职业选择，或者"赚很多钱"、"谋得一份活动策划方面的工作"诸如此类的回答。但是我错了，她所追求的东西要崇高得多。

杰米所追求的，首先是掌握她的自我、控制她的力量，其次才是找到她的职业生涯。我们围绕"声音"这个话题谈了好一会儿，我还开始把聊天记录打出来，以便好好地研究她的想法。

这段简短对话中折射出来的东西，将会有助于你和你的职业生涯，将会帮助你理解你是谁、你追求的是什么。

杰米一直在寻找她的声音，原因在于她相信这能使她的声音更强大、更洪亮、更有力、更可信。

你说话是怎么样的？

不只是遣词用句，还有运气发声。你的声音昭示和呈现了你的性格、你的风度、你的修养。你的声音阐明了你的信念、你的信心和个人能力。

那么，你的声音从哪里来？你是如何“找到”它的？一旦找到它，你又是如何掌握它的？

须知：你的声音同你的销售技巧、产品知识无关。你的声音远远超出这些。

好消息：你没必要去很远的地方找。你的声音大部分已经在你的舌尖处了，而其他部分则是出自心智和情感。

答案：你的声音开始于你内心的声音。你的声音是在你开口之前对自己说的语言。

要让你的声音变成自己的，真正变成自己的，你应该……

- 做你相信的事情。
- 做你热爱的事情。
- 在你选择的领域工作。
- 找到你的人生使命。
- 发现你认为你为之而生或者与生俱来的东西。

- 做你喜欢的事情。

上手捷径：写下你喜欢的业余爱好、你最爱的运动，或者是你常看的体育赛事，因为你乐于看到你支持的球队上场打球，并为他们加油鼓劲儿。

我的朋友、名人堂棒球选手戴夫·温菲尔德（Dave Winfield）如是说，说得同我生平所闻那样直白而彻底：“我爱棒球，棒球也爱我。”

以下是声音的要素：

- 你决心追求你所选择的路径。
- 你拥有对本我之人的信念。
- 你拥有对所做之事的信念。
- 你拥有对成功的欲望。
- 你已亲身准备就绪——态度、热情、友善、想法。
- 你维持的自信是来自内心，而不是头脑。
- 你的热情无可置疑。
- 你的诚意显而易见。
- 你渴望掌握你从事的方方面面。
- 你的热情具有感染力。
- 你的胆略引人瞩目。
- 你对精益求精的追求永无止境。
- 你喜欢所做之事。

重要提示：你的声音不单涉及如何更快做成销售，你的声音决定了如何不断做成销售。要让你的声音显露出来，你必须具备所有这些元素。大多数人的声音之所以很“弱”，是因为要么他们不喜欢所做之事，要么缺乏诚意，要么没有对自我、对公司或者对产品的坚定信念。

成功行动：录下你说话的声音，每周一次，然后认真听一听——也就是说，要做笔记。倾听自己的声音——算得上这个星球上最难完成的事情之一——能够让你清晰而准确地定位自己，看到你眼前的真实情况，你的出发点。

你要是还在黑暗中摸索，还想努力找出针对你销售演示的“解药”，其实你只需要录下自己的声音、倾听自己的声音——这就是解药。销售的真正解药是听一听自己试图把东西卖出去的声音——这也会让你乐得满地找牙。

只要听到你的声音，你就会明白。
你的声音会在你开口前和你说话。

如果违反法则：你的销售数字会告诉你，你究竟有没有信念。要是你违反自我信念法则，你的销售数字绝对不过尔尔。而更糟的是，你还会把自己卖不了更多产品的原因归咎于其他竞争对手，还有他们卖的粗制滥造的商品。

事实上，你应该做的事情是树立更多信念。

不计其数的销售员都在发牢骚，他们的产品已经成了通用商品，如果他们拿不出最低报价，商品就卖不出去，他们公司没办法为销售人员提供足够的支持，这些怨言看来早已不足为奇。说到补救办法，如果你真心想知道的话，很简单，4个字：负起责任。

如果遵从法则：信念成就销售。没有比这更好的办法来解释了。而最棒的地方在于：信念是靠自我施加的。信念是纯粹的自我激励。只要你真正愿意去相信，你就会拥有信念，对自己事业、生活方方面面的信念。信念不仅本身不言而喻，还能够传递给他人。你的客户会感受到你的信念。这会让他们也充满信念。

信念点燃激情，激情让你的销售演示被人理解、引人购买。

当你拥有对公司、产品、自我、差异的真正信念，对客户购买产品后会变得更好的坚定信念，那么你就离成功不远了。

注意：很多销售员（当然不包括你）告诉我，他们相信自己的产品。但是这还不够。信念必须全面、坚定，从而能感染人心。不只是你要相信，还要能让别人也相信。

实现关键：要想更好地了解怎样激起信念，你必须首先问自己“为什么”。为什么你会相信你的公司、你的产品、你的服务、你自己？为什么你相信你能脱颖而出？为什么你相信客户买了你的产品会变得更好？请把答案写下来。详细展开。一旦你告诉自己为什么相信，你就会开始由内而外地巩固这些信念。

法则 4
善于运用幽默

挑 战

你的趣味细胞怎么样？或者说，你的幽默感怎么样？幽默在销售中有多重要？幽默在生活中又有多重要？

事实如下：幽默是一门科学——你可以研究幽默、学习幽默，甚至练习幽默。但在你可以运用幽默之前，你必须懂得何时使用幽默、如何使用幽默，以及什么是恰如其分的幽默。

Unbreakable Law 4

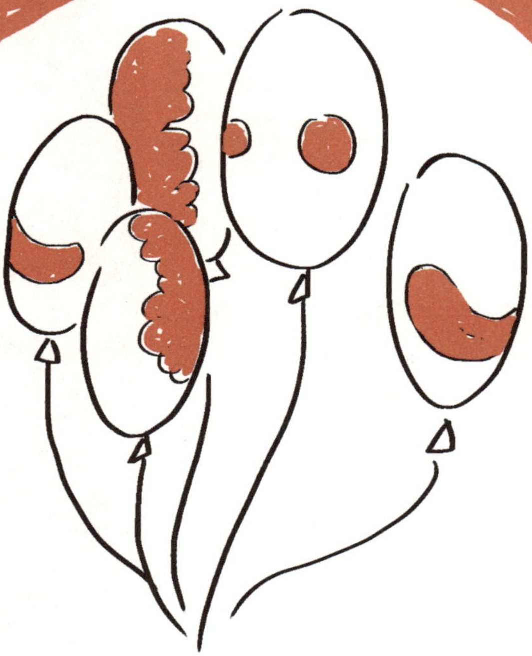

Employ Humor

法则4　善于运用幽默

笑话背后有教训，请君为我侧耳听

哈哈哈！

不，我要说的不是圣诞节。但玩笑话总是四季皆宜。有些人仅仅把它看作“笑话”，而我把它当成学习装置、倾听工具、注意力焦点物、自我治疗器、强大的销售工具，当然还有——娱乐。

美国阿拉斯加航空公司（Alaska Airlines）的一位空乘人员是这样开始进行“飞行安全广播”的：“欢迎您乘坐阿拉斯加航空公司飞往旧金山的320次航班。要是您不打算去旧金山，现在最好抓紧时间下飞机，我们亲切友好的登机门服务员将会引导您去向正确的地方。”

我微微笑了起来——其他乘客也是。我开始竖起耳朵听——其他乘客也是。

“我叫马克，我是今天空乘人员的领队，”他继续说道，“我的前妻桑德拉还有她的新男友比尔今天将在后舱为您服务。看来这趟航班会很有意思。”这下我大笑了起来（我也在竖起耳朵听），飞机上的每一位乘客都是如此。从那一刻起，我开始仔细听他说的每一个字。

我每年乘飞机的次数超过200次，但我从来没有听过飞行安全说明。哦，我是听到有人一直在喋喋不休，但我从来没关注过。

这趟航班很不一样。听到第一个笑话，我就开始听下一个笑话（也在听安全说明）。这家伙真的是很好笑。

所谓的飞行安全说明，或是任何口头交谈的对象，都是为了让人们听到。否则的话，要它何用？要是你看到飞机上发布安全说明的方式，你准会号哭起来。

空乘人员躲在一堵墙后，用一种单调的口气朗读一份脚本，另一个空乘人员则像机器人一样打着手势，重复一遍另一个人所说的各种要点。这真是个笑话——不是有趣的笑话，而是可悲的笑话。没有人会听。

比较新式的飞机都会改成播放安全视频，每一幕场景都会出现一个人，代表着各个种族倾向和宗教信仰的人，所有这些人都是塑料人（当然，还有一个白人男性飞行员）。这种技术创新与先前的真人演示其实还有一个共同点——没有人会关注。枯燥乏味，根本没有令人信服的理由要去听。所有安全说明的开头都会请你认真听一下这个重要的安全公告。结果是没人会听——就连机组人员也不会听。

那么你的世界又如何？

- 人们在听你说话吗？你确定吗？
- 人们在听你演讲吗？你确定吗？
- 人们注意到你想沟通的重要信息了吗？你确定吗？

重要线索：你的沟通中有多少幽默？

规则如下：
笑声引人倾听

你可以一直唠唠叨叨说个没完，然后“以为”或者“期待”别人能听进去，你也可以先讲一些有趣的事，然后再让别人听进去。后者能让人听到并且记住你所说的东西比前者多 10 倍。简单来说，笑声引人倾听，笑声能营造出最佳的倾听环境。

为什么笑声会让人专心听呢？很简单，人们情愿一直大笑不止。你要是如愿笑了第一回，可能就会期待下一回。阿拉斯加航空的空乘人员没有让我失望。第一轮笑声过后，他这样继续说道：“我们要是抓到你吸烟，绝对会马上把你扔下飞机。你要是带了一台电视上飞机，恐怕也没法儿拿出来用。”紧接着，他讲解了有关吸烟和电子设备的安全说明。太棒了。大笑一场，然后认真听。飞机上每个人都全神贯注。

那么，笑声的力量可以为你和你的销售发挥什么作用呢？听好了（请注意，这一点真的、真的很重要）。笑完以后，接下来是倾听，然后是更多人变成乐意购买的“心情”，再后来是直起身子仔细听后面的内容。

“有趣”为专业和亲切之间架起桥梁。

懂幽默吗？

要想博得一笑，乃至哄堂大笑，你需要做到如下 3.5 件事：

1. 找个朋友测测你的幽默感，在你讲之前，确保笑点确实很有趣。

2. 确保笑点是拿你自己开涮，而不是其他人。

3. 不好笑？学习幽默吧。

3.5. 时机决定一切。研究一下喜剧演员。他们最懂得怎样讲出点睛妙语，何时抖出包袱，以及应该停顿多久。

笑除了能换来倾听，能赢得理解，笑最厉害也最无声的部分在于：笑是一种默许。潜在客户的笑是某种形式的个人协议。一旦你得到默许（亦即他们喜欢你），那么你需要做的就是口头同意，然后你就能签下单子。接着就可以看竞争对手的笑话了。

哈哈哈！

如果违反法则：没有了幽默，就相当于树起了一道无形的屏障，让你跟他人只能表面结识，而难以知心深交。

幽默能打破坚冰，能引起共同欢笑，能营造出不同的室内氛围——更透明、更友好的氛围。不论在何种特定情境下，幽默缺位都可能妨碍你真正理解你所交谈的对象。

如果遵从法则：巧用幽默，能帮助你创造出友好、轻松的购买气氛。遵从幽默法则，意味着你不是在拿别人开玩笑。你所说的话、所开的玩笑不会让人感觉不舒服。遵从幽默法则，也意味着你收集了自己的故事，私底下已经尝试过，效果明显，还能定下恰当的基调。持续而自然的幽默感能够帮助你建立和巩固人际关系。

注意：笑话和幽默之间有着天壤之别。笑话在销售对话中毫无用处，尤其是当潜在客户先前已经听过时，可能还会冒犯他人。总之，笑话派不上用场。那有趣的故事呢？完美！

啊哈！人人都想笑，人人都爱笑。问题是：你做好准备引人发笑了吗？

啊哈！幽默是连通专业和亲切的桥梁。幽默是衔接个人和谐和商务融洽的纽带。

幽默的结束是倾听的顶峰。
其他人总是想听到接下来的内容。

啊哈！我每天都在使用幽默，因为幽默帮助我保持心情愉悦、心态积极。40 余年的经历也告诉我，幽默（不是玩笑）是相互理解的基础。笑声看似简单，却能立刻为对话带来一股暖流，建立人际关系，再多的专业精神也没办法复制。

幽默为会议注入缓和剂。幽默产生洞察力。幽默产生销售。

20 年前，我写道："如果你能让人笑起来，你就能让人买东西。"这句话会一直有效，一百年不动摇。

实现关键：开始收集和记录发生在自己身上的趣事。试着确定这些事与你的生活和职业有几分相关。试着确定这些事在销售情境中会有几分感染力，确保这是一种彼此之间存有共识的幽默。如果你们都有孩子，请使用孩子的幽默。如果你们都喜欢运动，请用运动的幽默。你懂我的意思。设法让你们为想法一致的事情大笑一番。未来会更青睐你，你也会喜欢接下来的销售订单。

你无法否认微笑的力量，
微笑是人与人之间的通用纽带，
微笑是人与销售订单之间的通用纽带。

——杰弗里·吉特默

法则5
打造专属品牌

挑 战

设想一下：你刚刚丢掉干了整整5年的工作。现在该怎么办？很显然，答案就是去找工作——找份好工作——越快越好。找个比原工作赚得多的岗位，然后打电话给老板，告诉他/她继续待着吧。

而真正的症结是：你是谁？要想申请一份新工作，你可能会认为你得先更新一下自己的简历。开玩笑吧？我的意思是，你是说真的吗？简历？哥们儿，找工作看简历的日子早就一去不复返了。社交媒体、个人品牌、声誉这些早就代替了简历——永远代替。如果你来我这儿找工作，我不会关心你的简历，也不会关心你的推荐信。你难道真的以为，我会打电话给你的高中田径教练或是大学教授，听他们说你是个了不起的人吗？

绝对不会！我只会在网上搜索一下你的

名字。我会找找看你有没有Twitter账号。我会想知道你在LinkedIn网站上有多少人脉。我会搜索你的博客和个人网站。对了，你有自己的YouTube频道吗？

如今是专属品牌的时代。你要是努力打造品牌，意味着即便你不幸被炒鱿鱼，甚至主动辞去工作，你的个人品牌能帮你随时找到更好的工作来落脚。

现在设想一下：你必须向一位大客户做销售演示，另有两名竞争对手。你和三位决策人预约了时长一个小时的会面。你在网上搜索了这家公司，你还搜索了这三位决策人。你绞尽脑汁，尽可能准备得完美。与此同时，你的客户也在搜索你。他们也在寻找各种信息，来弄清你是什么样的人。假如你的个人品牌不如竞争对手，你的网上声誉也不如竞争对手，那么即使你还没跟客户碰面，还没开始演示，就已经处于劣势。为什么？天黑以后，你只是看电视，而不是打造专属品牌。

过去，你可能要很幸运才能做公司的主人。

现在，你最好做自己的主人。

你最好拥有自己的品牌和自己的声誉，

因为这会在你做事之前就铺好道路，

为你希望得到的相互尊重定下基调。

Unbreakable Law 5

法则5　打造专属品牌

你眼中的“Brand”是什么？

虽说我成长于20世纪50年代和20世纪60年代，我还是有幸见过烙铁，放在燃烧的煤块或者柴火里，冒着热气。农场工人用绳子把一头牛或者一匹马捆起来，再将烧得通红的烙铁烙在牛和马的皮肤上，这些牲畜身上就留下了农场主名字的烙印。

哎哟！这就是单词“Brand”在英语中的原意，指的是动物身上永远抹不去的“烙印”。

而如今的市场上，所有“品牌”（Brand）也在追求同样的目标。每个品牌都希望自己的名字或产品能在买家的脑海中留下永久的烙印。

一大难题：仅仅因为“知道这个品牌”或者“记得这个品牌”，并不意味着会购买这个品牌。而残酷的事实是，如果我知道这个品牌，认得这个品牌，但我不买这个品牌，那么所有花在品牌上的钱都属白白浪费。哎哟！

这个难题留给了从事市场营销和广告宣传的人——他们不是销售员。他们了解世上有关曝光和品牌的一切，但是根本不懂怎样做成销售。

但市场营销的功能正是把认知和认可转化为购买。嘿，那边在干营销的哥们儿。你还记得利润这回事，是吧？

注意：如果你正在花钱想让别人知道自己，一旦潜在客户决定联系你、接触你，你最好能够提供有力的后续支持。

要是你想让销售做得更快、更容易、更大，以下是有关品牌的“行为规范”：

- 要讨人喜欢。
- 要让人相信。
- 要便于使用。
- 要有吸引力。
- 要亲和友好。
- 要面向服务。
- 要力争一流。
- 要始终如一。
- 要享有声望。
- 要满足需求。
- 要值得信赖。
- 要品质卓著。
- 要容易合作。
- 要让人“啧啧喳喳”。（大家在“传播这个词语”吗？）

秘诀：有些销售团队可以将品牌信息根据买家（或者用户、消费者）的不同而进行不同的传达和转换，从而让对方情不自禁掏钱购买。加入这样的团队吧。

当别人看到你的品牌或者你的广告时，你希望他们怎么想？现在他们怎么想？

当别人谈到你的品牌时，你希望他们怎么说？现在他们怎么说？

当别人看到你的广告或者你的产品时，你希望他们怎么做？现在他们怎么做？

你的品牌、你的名声的现状，以及你做成销售的本事，取决于你对以上 6 个问题的回答。

教你一招儿：现如今，市场上品牌喧天，信息爆炸，要想做出推陈出新的表述或主张，做出独树一帜的言行，你可能会觉得难上加难。那么你就错了。

如果你想打响品牌——让品牌广为人知——打造名声，还想做成销售，你只需要做到：

- 研究本地市场。
- 放眼全球市场，借鉴其他想法。
- 倾听既有客户的声音。
- 学习创造。
- 构建客户导向的信息。
- 积累品质和事迹加以支持。
- 安排人员投身于友好服务。
- 营造人们想买且能买的良好氛围。

生起火来吧。拿起滚烫的烙铁吧。然后把你的品牌烙印在客户的头脑和钱包里吧。但是不要忘了，如果有人来买的话，一定要做好准备——否则你就等着流失客户吧。

品牌不只是为人熟知、喊出名字。
品牌还需要你提供坚实的后盾支持，
包括品质、一致、客户导向、
客户援助、响应、服务和客户吸引。
然后再搭送一剂有趣，客户就会心甘情愿掏钱啦！

附加奖励： 如果你既能打响品牌，又能卖出东西，你的竞争对手绝对会恨你入骨。还有什么事能比这更好呢？

你的客户只想和知名人物做生意，
不会想和无名小卒做生意。

——杰弗里·吉特默

你的品牌是首屈一指还是默默无闻?

你与你的竞争对手之间的差别在哪里?

你与你的竞争对手确实存在差异，还是仅仅是你自己这么认为呢?你与你的竞争对手确实存在差异，还是仅仅是你这么告诉现有客户和潜在客户的呢?或者说，你与你的竞争对手确实存在差异，其他人也能够清晰地感知到你与别人不同，而且你比别人更好呢?

现实：问题不在于你怎么样认为或者你是否相信，问题在于你的客户怎么做、怎么说。

现实：如果我问你，你与你的头号竞争对手之间的差别在哪里，而你的回答是“我们的员工”或者“我”，那么你绝对惹上了大麻烦。

现实：如果我问你的客户，你与你的头号竞争对手之间的差别在哪里，他们会怎么回答?“比较便宜。”“离我家比较近。”“我说不好，我用他们家东西好多年了。”“跟别家也差不多。”那么你绝对有麻烦了。

除了你的品牌以外，你的名声也是一种现状核查，能够帮你对比一下你的真实状态和你脑中认为的状态：

- **你在客户中的声誉如何？**答案绝不是来自某个满意度问卷调查或者某次电话访谈。答案一定是来自面对面的谈话，你必须向100名客户询问他们对你的真实看法，以及他们购买的原因。
- **你在社交媒体上的声誉如何？**客户在你的Facebook（脸书）企业主页上发布的内容如何？客户在他们的社交媒体账号上提供的建议如何？
- **你在行业内的声誉如何？**上司和供应商对你在业内的感知如何？
- **你在社区内的声誉如何？**如果你参加了某个社区的市政厅会议，他们会怎么评价你？

你还可以问问自己以下与品牌相关的伤脑筋的问题：

- 我目前在做的什么事有助于打造专属品牌？
- 我目前在做的什么事有助于革新我的产品或服务？
- 我目前在做的什么事有助于改善或加强我的客户体验？

苹果公司的品牌形象可谓惊人——算得上全球知名度最高的品牌了。你当然见过苹果的广告——有趣、迷人而又可信。苹果也树立了品牌的一大典型标杆——品牌少不了产品的保驾护航。

苹果公司的零售店与营销配合得很好。产品吸引顾客、令人叹服，工作人员乐于助人、聪明能干，购买流程也极为方便。为了确保本公司的品牌信息能以积极的方式直抵消费人群，苹果还向其他零售渠道派出自己的销售员，以确保客户能掌握明智决策所需的全部资讯。

苹果公司的竞争对手纷纷抢着说“还有我”，也常常在他们的广告中提到苹果公司。假如你吹嘘自己“就像苹果一样”，那么就我个人而言，那还是买苹果更好。我在苹果专卖店的体验相当完美，与他们描绘的品牌形象如出一辙。

不管是计算机行业、智能手机行业、平板电脑行业，还是音乐播放器行业，唯有苹果公司独树一帜，不拿自己与其他产品相比较，除非是为了开玩笑。苹果根本不必提到其他竞争对手——苹果本身就是引领创新者。而且苹果的销售价格也由自己决定。

那么你的世界是什么情况？你是首屈一指的品牌吗？你是电商里的亚马逊或者易贝（eBay）？果冻里的吉露（Jell-O）？面巾纸里的舒洁（Kleenex）？早餐食品界的家乐氏玉米片（Kellogg's Corn Flakes）？还是浴缸界的极可意（Jacuzzi）？

让人犯难的问题：你是在拿自己的产品与竞争对手相比较，还是努力让自己从竞争对手中脱颖而出？

让人犯难的问题：你是在努力替自己的定价辩护，还是让产品质量声誉来替你代言？

当头棒喝的问题：是不是你的品牌、产品或服务在市场上相当出众，但你还没有把自己的个人品牌提升到相应程度的主导地位？

重要提示：还有些品牌曾经是行业老大，现在却屈居第二乃至更低。可能因为产品不入流，服务跟不上，也可能因为声誉受损。比如黑莓、美国航空、微软、泰格·伍兹，在此仅举几例。

以下是你需要做的5.5种谈话，能让你从愿意告诉你真相的人那里得知真相。要想让明天变得更好，你得知道你今天所在的位置。

1. 找拒绝你的客户谈话。他们会告诉你为什么他们选择了其他人。

2. 找离开你的客户谈话。他们会告诉你原因，以及如何改善。

3. 找喜欢你的客户谈话。他们会告诉你不错的东西。

4. 找忠诚的员工谈话。他们会告诉你他们为什么喜欢你。

5. 找离职的员工谈话。他们会告诉你他们为什么离开你。

5.5. 找业界领袖谈话。他们会向你描绘你可能没有能力看到的全局蓝图。

注意：不要再围着公关、营销、广告之类的东西转了，否则你永远都看不到真相。我会建议你聘用外部的品牌公司，并且从外部世界（你的客户和市场）以及内部世界（你的员工）获得至少一种全新的视角。

谈话结束后，你还需要做的是：

- 正视现实，积极采纳外部意见和自我改善的办法。
- 重视对新方法和新思路的内在激励。
- 培养员工的工作态度、自信和创造力。
- 为员工提供带薪休假，让他们单纯去思考和创造。
- 倾听员工的想法和意见，培养他们的自尊心。
- 表扬新想法，将付诸实践。

注意：你会焕然一新，开始以市场为主导，财运也会更好。

如今的全球市场瞬息万变、反复无常，
唯一能有把握的品牌就是自己的品牌。

——杰弗里·吉特默

你的名字关乎你的发展前景。是这样吗?

下面这个问题我已经以各种各样的方式问了不下一百次：我怎样才能给自己起个（更好的）名字呢?

这个问题的前提、定义及回答如下：

销售中重要的不是你认识谁，
销售中重要的是谁认识你。

面临的挑战不只是给自己起个好名字或者打造好品牌，难题在于创造条件来烙印上那个名字。

那么，你怎样才能赢得市场上和社区里的更多认可、更高知名度和更好的声誉呢？这三者都是成就好名字的要素。还得说清楚，我所说的好名字，既包括公司，也包括个人。

答案并不简单。而且几乎所有办法都离不开付出、计划和努力——辛勤的努力。

好消息：大多数销售员都不愿意做让销售变轻松的辛苦工作。但是，只要你肯干，你就会自动升到前10%；只要你认真贯彻，你就能登上前5%。

重要提示：你应该怎么分辨“赢家”和“羸家”呢？“羸家”总是抱怨不停，牢骚不停，总是担心“丢掉工作”；“赢家”总是制订必赢计划，相信自己能赢，并且采取行动。你是哪一种？

更好的消息：当经济处于转型期时（对它抱些希望总不赖，是吧？），你应该把握这个完美时机，做出改变，开始实行新想法。

有些事情你必须落实到位。要想成就一个长期稳固的名字，就少不了要认真做好以下事情，也离不开以下事情做基础。没有一个方法能够“今天做完就万事大吉”。相反，这些事情必须“今天做，明天做，一直做”。

- **编写你专属的电子杂志，强调有价值的信息，突出你的客户。**看一看我的每周电子邮件杂志《销售咖啡因》，以此作为参照。请访问网址www.salescaffeine.com，读一读。你也可以在你的电子杂志周报中着眼于某个议题，效仿这种写法。
- **现在就去注册网址www.（你的姓名）.com，每年只需要10美元。**如果这个网址已经被抢注，在你的姓名前加上“The Great”（伟大的）或者“the one and the only”（独一无二的）。获取你的网址、你的URL地址，现在就注册。全世界都在上网。互联网永远不会过时。互联网是商务的发展方向和未来。不上网，毋宁死。

• **制作一家风头强劲的小型网站，看起来像是某些人会访问、会欣赏、会介绍给别人，甚至可能登录购买的网站。**从单一页面的网站开始，谈谈“我如何对待我的客户”。开一张清单，列出你全身心投入的十件最有价值的事。随后你就可以增添更多网页、更多图片、更多动画、更多活力。不过，请从小事做起，并确保夺人眼球。

• **掌握10倍的主动权。这意味着拨打电话和点击发送按钮两件事。**每天打10通有价值的电话，发送25封对收件人有意义的电子邮件。建立关系，获得引荐。

• **写文章，把自己推到现有客户和潜在客户面前。**向行业出版物或商会杂志投稿。写作可以获得认可。写作可以把你推往专家和权威的位置。

• **写博客，展现自己的人性一面。**在你的博客上多谈家事。展现你是什么样的人，展现你的个性、你的激情和你的乐趣。

• **利用视频网站。**发布你的价值主张。发布你的客户评价。发布你的销售哲学和服务理念。把视频发布到YouTube上。你的现有客户和潜在客户会看到，也会发觉你比其他（懒惰的）竞争对手更有吸引力。

• **融入社区活动。**选择一家慈善机构或者民间组织，参与其中。展现领导才能。

• **搜索引擎优化。科学怪狗斯帕克，醒来吧！**你的客户正在网上搜寻你，而你也在网上搜寻他们。你的单页网站、你的电子杂志、你的文章、你的发言，以及你的社区活动，都会让你的名字和你公司的名字登上Google搜索结果的前几位。

• **成为价值提供者——而不是乞讨者、恳求者或销售员。**人们如果感知到你的价值，就会花钱购买。他们还会把与你的名字和品牌有关的词语传播开来。

时间是你的朋友：要有耐心。要多投资。要把好钢用在刀刃上。要想真正打造属于自己的名字，这需要时间。很多时间。这需要努力。很多努力。并且，这需要长期坚持。

你的名字意味着一切：名字和声誉不可分割。那些能为他们的客户、他们的市场、他们的社区提供价值的人，不仅博取到短期声誉，更赢得了长期声誉。

人们怎么评价你？：当有人说起你的名字时，也就是说，你是以下5种情形之一：很不错、不错、不好说、差劲、很差劲。他们口中的优劣，决定了你命运的成败。

要想打造知名度，赢得好名声，你必须献身于长期的过程和短期的努力。

吉氏免费小贴士：

想知道我有哪些关于长期知名度的秘诀吗？请访问www.gitomer.com，并在GitBit框内输入单词“name”（名字）。

如果违反法则：我只要在网上简单搜索60秒钟，就会知道你有没有打造出专属品牌。个人品牌不是奢侈品，并非只属于腰缠万贯的有钱人。个人品牌人人可为。也包括你在内。如果你的专属品牌还是空白，那么你开始做销售拜访时，就会陷入捉襟见肘的困境。你可以列出一系列值得购买的理由，但没有一条有说服力。客户想要了解有关你的信息，却一则都找不到。如果你还没有树立个人品牌，你就得为“你不是什么样的人”而小心防范，而不是为“你是什么样的人”而感到自豪。你花在打造专属品牌上的时间越久，优秀品牌竞争帮你赢得的销售机会也就越多。

如果遵从法则：打造专属品牌因其能提供可感知的价值，因其与个人声誉相结合的方式，而回报颇丰。潜在客户不仅要审视你的公司和你的产品——他们还要审视你……在你走进门之前，他们就已经在审视你了。

你的个人品牌就像敞开的大门，随时随地可以获取信息，帮助你做成销售。你之所以能获取信息，是因为当客户向你同事问起你，或者在网上搜索你的时候，你已经树立了良好声誉，培养了潜在客户的信任。

注意和挑战：你的个人品牌必须一直不停地打造。你的个人品牌必须与你的声誉完全统一，其中一者可以增加和补充另一者。你的个人品牌必须涵盖社交媒体的各个方面，包括提供有价值信息的YouTube频道和客户评价。你可以邀请一些客户录制一段YouTube视频，让他们夸奖你的销售才能和人性美德。你还应该开个博客，发布以客户为导向、价值为基础的信息。

啊哈！人人都有个人品牌。唯一的问题在于，你是在掌控你的个人品牌，是在打造你的个人品牌，还是不管不顾、任其自生自灭？

啊哈！你的品牌融合了你为了打造它而采取的行动、你推荐自己的方式、你过去的成功史，以及你的声誉。

啊哈！优秀的个人品牌不再是一个可选项，而是一种必需品。

啊哈！个人品牌最精彩的部分是：它能增强我们的自豪感和自信心。假如有人想调查你，你能够对他们将会找到的东西成竹在胸。他们将会留下深刻的印象，而这种印象会给你带来销售订单。

实现关键：现在就去开博客。不仅要发布与市场有关的内容（以及客户将如何从你销售的产品或服务中受益），还要反映你的个人兴趣。每周至少更新一篇内容。每更新一次博客，就群发告知电子邮件列表上的所有人，并且请他们订阅博客。如果博客内容很好，他们会订阅的。如果博客内容非常精彩，他们还会推荐给朋友。

你的价值信息、你的优质服务、
你的产品和个人的品质，
决定了你的品牌、你的名字、你的命运。

——杰弗里 · 吉特默

法则 6
赢得杰出声誉

挑 战

你的销售声誉具有五大要素：你的公司声誉、你的产品声誉、你的服务声誉、你的生意伙伴类型的声誉和你的个人声誉。

很明显，你的个人声誉应该排在首位。但是毫无疑问，其他 4 项声誉对于促成你的整体销售成就也是相当重要的。声誉远扬要靠多年积累，但声誉扫地只需要几分钟。这条法则不仅帮你树立声誉，还要帮你维持声誉。你的声誉的核心是你的道德、你的正直、你始终为所应为的能力、你的诚实。这项挑战很艰巨。但获得的回报更丰厚。

法则6　赢得杰出声誉

声誉是品牌之姊妹。反之亦然。

声誉是决定品牌之生死存亡的基石。

所谓你的声誉，指的是人们说到你。

- 怎样做事。
- 做了何事。
- 怎样提供服务。
- 你给他们的体验如何。
- 他们是否愿意推荐你。

你的品牌要靠你的声誉来树立和巩固。

品牌就是这项产品、这家公司、这个名字或者这位个人。雪佛兰、舒洁、iPhone（苹果）、微软、吉露、惠帝斯（Wheaties）、金·卡戴珊（Kim Kardashian）、乔·迪马乔（Joe DiMaggio）、彼得·罗斯（Pete Rose）。

信誉就是人们在口头、博客、Twitter、YouTube上提到这个品牌的方式。信誉就是人们谈到这项产品、这家公司、这个名字或者这位个人的方式。

品牌和声誉一旦树立，两者便会越来越靠近，但永远没有融为一体。你的品牌随着你的声誉起起落落，同生共死，同呼吸、共命运。

如果你正在努力打造自己的个人品牌，赢得声誉，请先研究一下其他人——不管是成功案例还是失败案例。写下他们成功的要素。记下他们失败的原因。把这些结论当成你的行动指南，以便知道该遵从哪些事、避免哪些事。

有关品牌和声誉，有一点可以肯定——两者都需要日积月累才能树立。而一旦确立，两者还必须给予守护、强化和重视。先树立你的品牌、赢得你的名声。然后像守护你最宝贵的财产那样守护它们。

想拥有杰出声誉？去赢回来！

你的声誉走在你的前面。声誉可以创造销售，也可以毁掉销售。你的声誉是哪一种？

在这个社交媒体狂轰滥炸的时代，有关产品质量、服务质量、体验质量的言行，不论是好是坏，都时时牵动着企业意识的神经。

很多公司都不情愿涉足社交媒体，就因为害怕看到客户可能会针对他们说一些负面的东西，或者发表一些负面内容。

现实：这些公司和他们的领导者根本不懂“社会化”，不管你的态度如何，客户都会发表自己的意见。

更糟的现实：很多公司都受到浅薄律师的蒙蔽，这些律师恫吓高管，要是有人发Twitter消息，天就要塌下来。

最糟的现实：还有些公司更可笑，甚至“禁止”工作期间使用社交媒体，原因是怕员工会浪费时间去搜索高中时期的老情人。

新闻快递：社交媒体——或者叫企业社交媒体（我比较喜欢这个称呼）——现在已成为中流砥柱。

社交媒体自由的闸门正在重新塑造世界，
同时也在重新塑造——至少是重新定义——你的公司、
你的产品、你的服务和你的员工，
方式是通过你的客户的声音。

社交媒体包括了口口相传的广告，还包括了网上或者印刷品上出现的故事，这决定了你的命运和你的未来。所有这一切合并在一起，就等于你的声誉。

还有一种方式可以审视和定义你的声誉，就是看看“因为你是什么而出名”或者“因为你能怎样而出名”的具体情况。

以下列出了赢得声誉的努力方向：

1. 你出名是因为你能说到做到——准时做到甚至提早做到。要想盼来声誉，你必须得是言出必行、一诺千金的人。要是做不到最基本的这一条，也就不必费心再往下读了。

2. 你出名是因为你是与人为善而且容易打交道、做生意的人。客户可能会提出任何要求，而客户想要的时候，就是他们有需求的时候——而不是你能提供的时候。客户来了，你必须友好；客户没来，你也必须友好。这就意味着客户应该可以通过电话很容易地联系上你，也可以通过互联网很容易地联系上你。

3. 你出名是因为你能先行一步、脱颖而出。要是你能在众多供应商中鹤立鸡群，客户很容易就会提到你，你也很容易赢得声誉（和客户认可）。要非凡出众，就意味着要多付出一分努力，要把服务当成所有生意的注册商标，而不是附庸。

4. 你出名是因为你能提供始终如一的帮助。如果你看过我的每周电子邮件杂志《销售咖啡因》，你会知道里面所有内容都是有关销售的。每个星期我都向客户提供有价值的信息——能帮助他们学习和成长的信息。而且我完全不收费。结果是，我的客户和关注者都很忠诚，都会从积极的一面来看待我，也都会定期地主动发送推荐信息给我。

4.5. 你出名是因为你是能为客户拉来生意的人。虽然生意并不是每次都能谈成，但我可以向你保证，要想确保忠诚的关系、引荐、惊人的声誉、客户评价像尼亚加拉瀑布那样涌来，这是你唯一能做的有价值的事情：想办法去帮助你的客户，为他们提供生意线索，提供引荐，提供交流机会，好让他们获得新业务。

如果让你的积极言行来表明一切，
你的声誉便会随之水涨船高。

——杰弗里·吉特默

这是一次机缘巧合。莫非不是？

我走在北卡罗来纳州夏洛特一家本地星巴克的停车场上，怀里抱着加布丽埃勒，这时候一个年轻人走了过来，开始跟我攀谈起来。

他告诉我，几年前他曾看过我主持的两场不同的讲习班，然后问道："对了，你现在还开讲习班吗？"

我向他保证，我还在开讲习班，而且我非常爱开讲习班。

他说他正在夏洛特举办一场讲习班，各种各样的CEO都会来，想知道我是否有兴趣去讲习班发个言。

"当然可以！我特别想去。而且其实啊，我刚刚出版了《领导力小书》(*Little Book of Leadership*)。"

他告诉我，同年秋天还有另一场大型会议，他也会推荐我出席。我给他留了我的Coin卡[①]，还有费城人队主题的商务名片。

---

① Coin卡（Coin Card），是由创意公司Coin推出的一款革命性产品，它是一张信用卡大小，同时拥有信用卡、借记卡、礼品卡等功能的多功能卡。——编者注

看到他笑了起来，我建议他周一给我的办公室打电话，找我们的“日程女王”米歇尔·乔伊斯（Michelle Joyce）商量一下。

他向我保证他一定会打电话。我也让他知道我们会发给他一整套讲习班附件。

虽然我想要他的名片（很想要），但那时候是星期六的早晨，我们都穿着短裤——所以只好听天由命，盼着他能迈出下一步，真的能打电话过来。

我刚刚把加布丽埃勒固定在汽车安全座椅上，一回头就看到那个男人微笑着把他的名片递给我。好！

而到周二和他开完电话会议后，我发现这实在是本公司的一大商机。

这就是故事的结局——暂时的结局。

偶遇邂逅？机缘巧合？还是命中注定？我的个人哲学和信念告诉我，人生没有意外，但这可能只是一位20世纪60年代理想主义者不成熟的看法。

最大的问题是：促成互动的原因是什么？

我多年来的努力工作、我的声誉、我的作品、我的讲习班，还有我的书，这一切为那些会议创造了机会。

我不仅容易认出来，而且能够吸引人。我不仅容易联系，而且容易接近。我能够给人留下深刻印象，从而刺激那个认出我来的人采取行动。

如果某个星期六的早上，那个人在星巴克撞见了你，结果会是怎样呢？

我不想再讲那些你可能已经知道的事情，我打算问你一系列问题，思考这些事情有望带领你采取行动，获得声誉、知名度，变得更容易接近。

- 你在Google上的搜索结果能不能至少占满首页？
- 你在社交媒体上发布的信息有没有人回应？

- 其他人会不会主动在你的Facebook页面留言说有多么喜欢你、深受你的启发？
- 你发布的Twitter消息有没有人转发？
- 你的写作方式能不能吸引别人？
- 你会不会在商展上发言以获得潜在客户？
- 你在做的哪些事是竞争对手没有做的，并且能展现你与他们不同、你比他们有价值？
- 你有没有树立自己的专属品牌，还是说你只是跟着自己公司的品牌和产品亦步亦趋？

这些问题不仅给人以当头棒喝，而且也给人以成功、生活和声誉。并且最终，这些问题还能给人以馈赠。

想要赢得销售，就必须成为无懈可击之声誉的主导者，而不能仅仅是销售代表。

星巴克里那个小伙子不只是认出我，他还记得我。我们相遇并不是天上掉下来的馅饼，而是我花了将近35年才促成的事。我把这个故事写下来献给你，是希望你能受到启发，努力迈向更高的成就。

根据多年来的经验，我发现：

- 大多数销售员只是抱怨做不成的事，而不是去讨论可能做成的事。
- 大多数销售员抱怨自己的价格或者经济形势，而不是采取积极行动，在客户心中树立知晓度和价值。

我全心全意做销售。我全心全意在写作。我全心全意做令人难忘的演讲。我全心全意为既有客户和潜在客户提供价值。

你在全心全意做什么？你下过决心做什么？你专注于做什么？你专注在这个决心上的时间有多少？

我的这一幕“星期六偶遇记”根本无关运气。30年前，我的一位导师梅尔文 · 格林（Melvin Green）教会我：“努力工作，好运自来。”

那么，你有几分好运呢？

如果违反法则：失去声誉这件事容易界定，但往往无法复原：不能做到言而有信，产品质量低劣，服务迟缓、差劲或粗鲁，职业道德欠佳，商业行为不择手段或不正当，信誉低下。随着互联网的到来乃至无孔不入，你的轻率言行再也无所遁形。后果：沉默拒绝，避而不见。

如果遵从法则：声誉会创造真正的吸引力法则。要是你赢得了杰出声誉，你的曝光次数就会呈指数级增长。个人和企业都会希望与你联络，希望与你建立关系，希望从你手上买东西。拥有杰出声誉也能帮你形成个人自豪感和自信心。你知道不管你进入哪一场会议，加入哪一次社交活动，人们都会想和你讲话，和你做生意。声誉是成功定义中的重要部分。企业即使已获成功，但是声誉未卜，最终还是会衰退乃至崩盘。

注意和挑战：声誉不能一蹴而就。声誉需要你做到言行一致，声誉需要维护，需要建设。

你开展业务的方式、你为人处世的方式、你的社交媒体，甚至你的维基百科页面，诸如此类，一切的一切，都会给你呕心沥血为之努力的声誉做加法或者做减法。着眼声誉，守护声誉。

注意和挑战：某些时候，你的声誉可能会丧失，或者被他人削弱。这时候，你应该唤起企业和个人的应变能力，并且付诸行动。

我觉得有意思的事情是，大多数人都无法提前做好准备面对挑战。总是先防御和抗拒，然后才不得不承认其必然性。（这一点常常在政客身上看到，他们这一系列做法实在太惹眼了。）

事情发生在别人身上时，你会觉得近乎可悲；但要给自己照照镜子，反思自己，却要困难得多。

规则如下：你越早做好应对声誉受损的准备，就越容易恢复。反过来也一样。

啊哈！不管你乐不乐意，涉及你的声誉问题时，我们的“圣母”Google要比你本人强大得多。而涉及销售问题时，没有什么东西比你的声誉更能赚钱。

啊哈！公司声誉与个人声誉相比显得相形见绌。

啊哈！你的言语、动作和行为造就了你的声誉——但你最大的责任是保护声誉，发展声誉。

啊哈！你的声誉先你而行，走在你前头。

啊哈！你的客户在Google上搜索你，就像你在Google上搜索你的客户。

实现关键：请列一份清单，写出你希望“因为你是什么而出名”和“因为你能怎样而出名”。把这份清单和你在Google上的搜索结果相比较。不必说，你的行动计划就应该从这里开始。如果你正在努力成为更好的人，或者因为某些擅长的事情而出名——而这些事情没办法在Google搜索结果中体现出来——那么请围绕你的目标开展具体行动，直到这些事情能够体现出来为止。

销售代表要确立定额。
掌握主导权的玩家不必
担心定额——他们会超额。
这些主导者以辛苦工作为基础，
赢得肯定，树立声誉。

——杰弗里·吉特默

法则 7
保持自信和坚持

挑 战

销售界有个古老的问题：“我是该做还是不该做？”销售员几乎每采取一项行动，都会遇到这个问题，其中特别常见的场合是，比如给客户留言、寻求销售机会或者跟进时机是否恰当。不管哪种情况，都没有百试百灵的标准答案，但我的参考答案是：放胆去做。你将会学到一课，帮你重新定义“坚持”。坚持会影响你的态度、信念和准备，从而激励你树立自信。坚持给出了你可以完成和依靠的答案。坚持总是围绕着一个词：自我肯定。

Unbreakable

Law

7

Be Assertive and Persistent

法则7　保持自信和坚持

你的态度是被动消极、过分积极还是自我肯定？只有一种能助你胜出。

销售员要是做得太卖力，往往也会落个坏名声。

你应该也听过这样的评价，比如“爱出风头的销售员”、“过分积极的销售员”，或者“惹人讨厌的销售员”。这些词语给你的感觉如何？

而销售员应该想尽办法远离这些印象——爱出风头、过分积极、惹人讨厌——所以他们（可能还包括你）得走向整条路的另一头，努力变得专业或者被认为专业。

当心留意：专业的销售电话挺不错，专业但无聊的会谈通常没什么结果。或者更糟的结果是，无休无止地跟进随访，根本卖不出去。不好。

这句话能帮你好好思考何为专业：你的客户对你的感知应该是一个专业的人。专业更多的是指从你所在角度获得的看法，以及从客户所在角度获得的感知。

在如今的销售行当里，专业绝对是前提条件。你的言语、行动和事迹都源自专业。

专业不是坏事，但单靠专业不会帮你赢得更多销售订单。
在爱出风头、过分积极、
惹人讨厌之外还有中间地带——销售就在这里做成。
这里称之为自我肯定。

注意：自我肯定不是一句空话——自我肯定是一种策略、一种风格。

自我肯定不只是一种管理自己的方式。更确切地说，自我肯定是一种相当成熟的策略，需要掌握各项要素，直到自信得到激活，成为一种销售风格。

当心留意：自我肯定是一种好的销售风格，前提是你能理解并掌握各项要素，这些要素能让客户一方接受“自我肯定”。

自我肯定从何而来？

- **自我肯定的根源是信念。**你对所做之事的信念，你对所代表之人的信念，你对所销售产品和服务的信念，你对自我的信念，你对自己能与对手形成差异竞争（而不是与对手相比较）的信念，你对客户向你购买以后会变得更好的坚定信念。这些事你不光要在头脑中相信。相反，这些事你必须从心底相信。源自内心深处的信念是形成自我肯定的第一步。除非心怀信念，否则难逃平庸。一旦从心底燃起信念，那么一切皆有可能。
- **积极预期的态度。**要想拥有自我肯定，光有积极心态或者“好！”心态还不够。你必须具备“积极预期的态度”。这意味着开始打销售电话，就抱有一定程度的肯定，相信结果会对你有利。这意味着抱有一种自己的精神，容易感染别人——你的客户能接收到这种精神，并且掏钱购买你的产品。

- **自我肯定的秘密武器是全面准备。**不仅要做好以客户为中心、电话销售前的规划，还要确立销售电话的目标和可能结果。大多数销售员都犯下了致命错误，以为准备就是以自己为核心（比如准备产品介绍、宣传资料、名片等）。事实上，全面准备首先要针对客户。他们的需求、他们的愿望、他们期盼的积极结果——他们的胜利。如果这些要素没有纳入你的准备范畴，你一定会败给做好这些准备的人。
- **自我肯定也必须包含有利于客户的不可否认的价值。**这不仅是一种准备。这也是一种你已经建立的关系，其中别的客户愿意帮你代言；以及一种你握有的证据（我希望是视频格式），潜在客户可以产生联系，愿意相信，最后做成买卖。

现实：要想获得更多自我肯定，你可能得改变自己的一些现有习惯或信念。

- 不是要改变你的态度，而是要树立你的态度。
- 不是要改变你的准备，而是要加强你的准备。
- 不是要增加价值，而是要传递可感知的价值。

更大的现实：当且仅当你像我上面所定义的那样掌握了信念、态度、准备和价值，你才能开始迎来自我肯定和自我肯定式销售。

最大的现实：信念、态度、准备和价值的提升将会促成更多自我肯定式销售电话，也会促使销售数字上升。

你的境界就是黏合剂。所谓境界是指：

- 你不动声色的自信。
- 你能帮助客户的知识保证和信息宝库。
- 你过往的成功史。
- 你握有的不可否认的证据。
- 你要求客户对他们的客户和员工负责的自我肯定能力。

责任心是体现担当的可接受和自我肯定的形式。

重要提示：没有客户想对销售员负责——但每一位客户都负有对他／她的客户和同事负责到底的使命。

当你结合你的信念、
你的态度、你的准备、
你的价值和你的自我肯定之后，
结果毫无意外就是：销售业绩更高。

——杰弗里 · 吉特默

自我肯定的演示，坚持跟进随访

自我肯定是开展销售、形成控制、证明价值、营造购买气氛和锤炼关系的最佳策略。

我给自我肯定下的定义是，进行销售拜访之前的一种精神状态和准备情况。

自我肯定的其余两个方面分别是：

1. 销售演示本身。
2. 销售拜访跟进。

有意思的是，销售拜访本身——也就是实际演示——与销售拜访跟进所需要的自我肯定并不一样多。要想重新寻找潜在机会或者做出决定，要复杂得多。

不过，如果你是个出色的销售员、自我肯定的销售员，那么可能没必要跟进随访，因为你在演示的时候就已经展现出了销售必成的自我肯定。

销售演示：当你站到潜在客户面前，当务之急是让你看起来令人印象深刻，听起来令人印象深刻。

你一定知道这样一句老话："你永远没有第二次机会给人留下第一印象。"你必须从积极的姿态出发，才能营造出积极的结果。

自我肯定开始于你的眼神接触、微笑和握手。这些小动作让潜在客户在头脑中形成印象，认为你是一个自信心强而又笑口常开的人。

你的坐姿非常放松。无论给你端来了水还是咖啡，你都乐于接受。你的身体微向前倾。你做演示所需的全部工具和设备都摆在面前，随时准备开始。谈到任何双方生意以外的内容，你也能立刻接上话茬儿。

你的生意从交朋友开始。你的生意从培养互相微笑开始。你一开始谈生意，对方就知道你已经做好了准备，做好了功课。

你可以随时随地讨论对方的需求，但是你更喜欢先谈一谈对方的家人，聊一聊对方的兴趣爱好。

从建设融洽关系延续到讨论生意，
需要一段自我肯定的思考过程。
没有公式，但有感觉。

销售员的职责就是感觉出往前发展的正确时机，然后鼓起自我肯定的勇气一往无前。

当心留意：不管你拜访的人是谁，他都想知道行业最新动态，想了解业界发展趋势。如果你能在销售演示中穿插这些信息，我保证你能与买家形成以价值为基础的关系，也能获得买家的充分重视。

自我肯定的演示给你——销售员——提出的挑战在于，要求综合体现你的认知（因为涉及客户需求）以及持久度（与你所发展的个人或团体之间口头上和非口头上的联系）。

当你的现有客户或者潜在客户开始提问题，想更深入地了解你的产品或服务，那么你就会知道，你的自我肯定策略已经发挥作用了。

这些问题把独角戏变成了对话，还激发出许诺的力量，或者我应该称之为自我肯定式许诺。

但在某些时候，你必须完成这种转变。

换句话说，你要么请求对方做成交易（自我肯定的过程中允许的那部分），要么借用辅助手段来确认交易（比如预约送货或者安装）。

养兵千日，用兵一时，口头承诺终究要变成销售订单才算奏效。如果你签下订单，那么你就已经完成了自我肯定式的出色工作；如果你还签不成，那么你就得落入自我肯定式跟进随访模式。

销售跟进：可以坚持跟进随访，但前提是预先要向对方提出请求并且双方协商一致。

具体做法如下："琼斯先生，请问我最好该怎样与您保持联系呢？""您首选的联络方式是什么？""在我们的沟通网络中，还有没有什么人我应该将邮件也'抄送'给他呢？""我可以给您发短信吗？"

这些请求许可的问题其实就是告诉你，你们已经建立了关系。如果对方给你留了手机号，还准许你偶尔发短信，这就意味着你们的关系已经达到了稳固的程度。

价值何在？我如果要求约定"跟进随访"，毫无疑问会换来含糊其辞的推诿搪塞。但如果我能向他/她的业务或工作职能反馈一些有价值的信息，对方肯定会欣然接受约定。

你的对白可以像这样："琼斯先生，我每个月都要做三四十次商务访问。访问期间，我不光在卖东西，我还注意观察。每个月我都会总结出两到三条'最佳实践'经验。在我们的跟进随访中，我需要您腾出5分钟时间，与您分享一下过去几个月的最佳实践经验。这样可以吗？"

当然可以，太可以了！你提出的做法有助于客户的业务或工作职能，这不光让你备受青睐，这还可以为一段稳固的关系打下基础。这是一段基于价值的关系，其中自我肯定其实已被接受。

超越销售的终极目标是与客户建立信任关系。要想稳妥地踏上这种关系之路，应该从驾驭销售演示中"自我肯定"的能力开始。

如果违反法则：销售员口口声声说想成为这个星球上最执着、最坚持的人，但一碰到打销售电话或者留语音留言之类的简单动作时，他们就临阵退缩——这一切我早已司空见惯。缺乏自我肯定、缺乏坚持，可能会让你的机会、销售、客户关系甚至职业生涯都付之东流。你为什么会甘冒风险，不肯为了做成销售，持续不断地留口信、打电话或者跟进随访呢？

如果遵从法则：坚持和自我肯定是成功销售的本质，也是为销售加足最大马力的能力所在。运用自我肯定的办法，保持执着，你会做成比你预估的多得多的销售。这条法则会带给你为之奋斗、为之努力并且梦寐以求的销售数字。自我肯定和坚持无可替代。只要正确执行，没有什么奖赏能比这更大了。

注意：关键词是：风险。每次你跟进随访，每次你按下坚持的按钮，每次你在销售过程中自我肯定，你都是在冒险。要克服这种风险，最简单的办法就是重新考虑你对风险二字的定义。不要考虑："如果我留下口信，我可能会面临激怒潜在客户的风险。"我建议你这样考虑："如果我没有留口信，我一定会面临丢掉生意的风险。"

要自我肯定，不要过分积极

啊哈！要坚持，并且事先取得许可。事先协商好方式和时间。

啊哈！不要留口信问对方有没有想清楚决定。事实上，要留口信告诉对方对客户有价值的信息。这样你会毫不犹豫地留下口信。现实：这需要创造力，也需要销售员在这方面做好功课。

啊哈！坚持使用创造力让客户"哇！"，进而赢得销售，这就是自我肯定的精髓所在。

实现关键：要想赢得更多销售，你必须"连接各个销售周期"。也就是说，你应该从一场坚定的约见，直接进入另一场坚定的约见。坚定的约见算得上是最强大但却往往没人用的跟进随访原则。这是一个非常简单的概念和非常简单的规则：你永远不会放弃一场约见，永远不会挂断一通电话，除非接下来的销售周期进入了另一场坚定的约见。这样的话，你永远不会紧跟一些对你做出含混不清承诺的人。永远会有确切的时间、确切的日期、确切的地点——否则你永远都在追赶潜在客户，追赶自己的尾巴。

自我肯定的演示从提问开始，
中间给出不容挑战的证据，
最后就能赢得客户认可。

——杰弗里 · 吉特默

法则 8
展现卓越品质

挑　战

20 世纪 80 年代初，汤姆 · 彼得斯（Tom Peters）和罗伯特 · 沃特曼（Robert Waterman）合著了一本商业图书，名为《追求卓越》（*In Search of Excellence*）。根据彼得斯在书中所述，卓越少之又少，值得人们追求。而人们追求到卓越之后，就会像捧着圣杯那样谈论卓越。

这本书不仅讨论公司，也关注卓越的人才和卓越的执行力——那些为他们的公司、产品、服务、声誉做出非凡贡献的个体。

你有没有具备卓越的品质？你对使个人变得卓越投入多少？你对卓越执行力有几分坚持？

这些问题的答案，将会决定你的发展和你的未来。

Unbreakable Law 8

Demonstrate Excellence

法则8　展现卓越品质

关键不是做到最好，关键在于树立标准

当我说出“树立标准”这几个字时，你首先想到的是什么？

你个人的标准？你所在企业制定的标准？你心中对他人的标准？你心中对其他产品的标准？

当你走进一家餐馆，点了你最爱的牛排，你总会想起某家餐馆（尤其是你想起的餐馆，就是你所在的这家），那里有最好的牛排（或是其他你最爱的食物）。这家餐馆就树立了标准。从此以后，你吃到的所有牛排都会被拿来跟这个标准保持者相比较，直到某天你可能会碰上更好的牛排，那么那家餐馆就会取而代之，成为新的标准保持者。

你一定知道而且认识自己生活中的许多标准设定者——尤其是那些好得出奇、让你永远保持忠诚的产品或者人物，尤其是那些你能因此主动推荐的产品或人物。既可以是最好的冰激凌、最好的苹果派，也可以是最好的牙医、最好的按摩师，还可以是最好的理财师。最好的汽车、最好的衣服、最好的电脑、

最好的手机，以及那些你从来没想过少了它会怎样的东西。

不管是哪种产品，不管是何许人物，他们都树立了标准。你的标准。

当然，还有一些标准来自第三方……

- 威尔特·张伯伦（Wilt Chamberlain）在单场篮球赛上狂斩100分。他不只是创了一个纪录。他树立了标准。
- 亚伯拉罕·林肯发表了葛底斯堡演说。他不只是做了一场演说。他树立了标准。
- 马丁·路德·金在林肯纪念堂的阶梯上，面向50万人做了一场演讲。他不只是做了一次演讲。他树立了标准。

披头士乐队。

“猫王”埃尔维斯·普雷斯利。

他们二人都树立了标准，为他人铺就了道路。

张伯伦树立得分标准的那一天，是1962年3月2日。这个标准保持了50余年。科比·布赖恩特（Kobe Bryant）的单场81分纪录还不错，但比不上张伯伦的100分——标准。

成绩总要拿来与标准比较。质量总要拿来与标准比较。产品总要拿来与标准比较。你一定知道本行业中最好的产品出自哪里。如果你为这样的公司工作，你就会热爱它，反之亦然。

说到这里，你应该已经明白我想讲什么了，接下来让我们谈谈你的生意和你的职业生涯。

哪些标准是你树立的？树立这些标准有哪些人参与？不光是在你公司里，

还有你客户的头脑里，以及你的企业、你的社区、你的行业里。

你的声誉来自其他人对你的看法和对你的评价。而在当今世界，就是指其他人怎样在网上评论你。

声誉来源于树立服务、产品质量、一致性、实用性的标准。

你可能以为标准就是“最好”。不过，自夸是“最好”与“我树立了标准”完全是两码事。

说起哪种产品“最好”，很多时候都有争议。

但往往会有个赢家脱颖而出。德国汽车工业树立了标准。很多电脑公司都认为自己的产品最好。微软公司树立了旧的标准，苹果公司树立了新的标准。还有很多社交媒体网站都声称自己超群出众，但Facebook树立了标准。

我想请你花点时间，站在一名销售员的立场，评估（或者我应该说自我评估）你在确立标准这把量尺时所处的位置：

- 你只是一个销售代表吗？
- 你是前25%的销售代表吗？
- 或者说，你是否是一位可信赖的销售顾问，树立的标准不光包括销售数字，还有顾客忠诚度、赢利能力和关系？

那么你的公司呢？它树立了哪些标准？它占据了哪些道德高地？

友情提示：标准保持者可能很快就会被淘汰。只要看看“老虎”伍兹就明白了。

树立标准中的关键词是“持久”。要树立可持续的标准。

重要线索：你可能会认为，树立标准这件事已经超出个人所能控制的范围——特别是你所在公司所树立的标准。不过，在这个高度透明的新世界，多亏有了互联网，多亏有了Google和社交媒体，如今你有机会建立自己的专属品牌，打造你的个人声誉，树立你的个人标准——这些标准会一直跟随着你，即便你跳了槽，甚至转了行。

如果违反法则：违反这条法则，意味着你让自己退居卓越的二线。或者说，你可能会安于“平庸”的成就和生活方式。拜托，那会坏了你的名声：“看见那边那个家伙了吗？他可是非常平庸！”卓越不只是一条法则，卓越还是一种意愿，一种奉献精神，行动始终如一。如果你没法展现卓越的品质，你就注定会在高你一头的人面前败下阵来。

如果遵从法则：在《领导力小书》中，你会看到一页这样的引语：“你不只要树立榜样，你要树立标准。”这种说法是卓越的本质。当你展现出卓越的品质，你就会一直努力改进，而不是抱着花环偷懒。卓越品质不仅包括你过去曾经做过的，还包括你现在正做着的。过去和现在决定了声誉。而声誉正是卓越品质的成绩单。

友情提示：如果你还达不到卓越，千万别陷入误区，变得故步自封或是怨天尤人。为自己的卓越品质负责，重新投身于使个人企业变得卓越的事。

友情提示：说到卓越，还要注意一个事实。如果你相信你很卓越，而你的客户、同事或者老板觉得你并不卓越，那么哥们儿，你算不上卓越。卓越不取决于是否去相信。相反，卓越靠你去追求。卓越是其他人的感受，卓越是其他人行事和谈话的方式。

啊哈！卓越是随时间推移慢慢形成的。

啊哈！卓越是你的客户的感觉，而不是你自己的信念。

啊哈！请购买并阅读汤姆 · 彼得斯和罗伯特 · 沃特曼的著作《追求卓越》，你会看到究竟什么是不寻常而又普通的卓越。这本书会让你信心百倍，力争更上一层楼。

实现关键：第一步，列出你认为自己可以称得上卓越的品质。第二步，列出你的客户预期你所具备的品质。然后，比较两列清单。要想实现卓越，你的制胜策略就已经明明白白摆在面前了。

如果你不能树立标准，
你就只能打价格战。
名声胜过价格。

——杰弗里·吉特默

法则 9
首先传递价值

挑 战

过去21年来，我的营销箴言一直是：我把自己放到可能对我说“好”的人面前，然后我首先传递价值。这算得上我整个销售和营销生涯中最大的“啊哈！”了。如果你扪心自问：“我的客户更想要的，究竟是推销的产品，还是有价值的东西？”答案有些痛苦，但很显然。尤其是当你的竞争对手正在这么做的时候。首先传递价值，是对抗价格战的终极武器，也是销售制胜的终极哲学。

Unbreakable Law 9

Deliver Value First

法则9　首先传递价值

价值是销售之王，价值是服务之后

“价值”可能是最难以捉摸的销售词汇了。每个人都会告诉你，价值有多么重要。但很少有人能告诉你，价值究竟是什么。

我很讨厌的一种说法是“附加价值”。我建议你把这4个字永远踢出你的销售词库。“附加价值”有个同样邪恶的兄弟，就是“价值附加”。这两个词都不能根据客户的实际受益或者获利来定义。

附加价值通常是指一些小型服务，或者客户已有期盼或者理应接受的、很难定义的额外内容。比如当日发货、网上订购、库存现货、24小时服务等，这些不是价值，这些是赠予。这些要素都在预料之中。它们不会增强购买动机；事实上，它们只是你的公司所提供的其中一部分。

价值牵涉到你做成销售的能力。为了帮助你理解“价值”一词，请先把“感知”二字摆在前面。

如果你认为某事有价值，
而你的客户感知不到它的价值，
那么它终究是没有价值。

你的客户正在寻求提升他们的销量、他们的客户忠诚度、他们的员工忠诚度、他们的生产力、他们的士气、他们的利润，还希望一切都不要出问题。

这些就是你摆上台面的价值吗？不是？为什么不是？这些可都是客户认为称得上“价值”的要素。

你所提供的小小的附加服务，与其说是某种价值，不如说是一份奖励。

还有，不要只给对方送去一次价值——关键要始终如一。说起我每周源源不断给客户提供价值，秘诀就是我的每周专栏文章和每周电子邮件杂志《销售咖啡因》。

你的使命是不是还缺了价值这一块？

大多数公司都会由营销部门创立一些毫无意义的使命宣言。都是力争第一、超越客户预期、创造股东价值，诸如此类。俗气透了。

- 你的真正使命是什么？
- 它与你的使命宣言有没有不同之处？
- 给客户的价值在哪里？
- 那是不是真正的使命？

你需要的其实是一种价值主张——充分说明你如何帮助他人，别人如何胜出，你如何站在客户的立场提供服务，如何造就忠实客户和推荐人——再加上与之相配套的使命宣言。

价值主张阐明了你会如何从客户受益的角度来做事。举例来说，你可能会说："我们提供4小时的服务响应。"这句话如果用"价值主张"的方式来讲，应该这样说："当设备损坏或者需要维修时，生产就只能停下来。为此我们制定了4小时甚至更短时间的服务响应。所以可以将生产力和工作赢利能力的损失降到最低。"

道理没什么两样，但要从客户获利的角度来讲。

价值对潜在客户来说非常重要，原因有三：

1. 价值让你从竞争对手中脱颖而出。
2. 价值让客户理解掏钱购买的原因。
3. 价值让客户心甘情愿迈出下一步：购买。

价值对现有客户来说非常重要，原因有三：

1. 价值有助于建立真实的关系。以价值为基础的关系。
2. 价值让客户重新下单时多些自愿主动，少些价格驱动。
3. 价值将竞争对手扫地出门。对手多半热衷于强调"替客户省钱"。

友情提示：客户想要的不是把钱省下来，而是要生产得更多、赚得更多。

当某笔销售交易画上句号，当现有客户有所需求，这时候"价值感知"就开始发挥它的核心作用。如果顾客感知到你的出众之处，感知到一种能助他/她成功且让人放心的价值，这笔生意就非你莫属了。不然的话，这笔生意就落到开价最低的人手里了。

价值你越善于站在客户立场传递出价值，
价值就越容易被客户感知到。
你越把价值与他们如何成功、如何获利、
如何生产联系在一起，价值就越容易被认为是真正的价值。
而到最后，你收到的回馈就是订单成交。
这就是价值。

吉氏免费小贴士：

如果你想更好地将制定的价值和实际价值合而为一，并应用到销售过程中去，请访问www.gitomer.com，并在GitBit框内输入单词“value”（价值）。

向我展现价值，
还你销售成交。

——杰弗里 · 吉特默

价值是什么？价值在哪里？

谁能感知价值？销售就在那里！

深入探讨：你整个人生都在感知价值、判断价值。

你可能会称之为决策、关键时刻或者行动。既然你做出这些决策，采取这些行动，那么这些东西都势必直觉地牵涉到价值——还有你对价值的感知——或者你赋予价值的重要性。

销售也一样，但在销售过程中，有两种价值感知，两种价值判断。

一种是你做出的价值感知和价值判断，另一种是客户做出的价值感知和价值判断。

很明显，客户的价值判断和价值感知决定了销售过程。不过，你作为销售员，也可以对价值得到怎样的感知、最终又得到怎样的判断产生重要影响。

你的价值判断来自：

- 你对你的公司的看法。
- 你对你的产品的看法。
- 你对你自己的看法。
- 你对客户及其购买过程的看法。

你已经让自己身兼诸多价值，这些价值反映在你的销售技巧、你的态度、你的信念体系、你的真实坦诚、你的职业道德。如果你愿意对以上任何一项妥协让步，那么从长期来看，你永远也不会成为出色的销售员。

那是你的感知。但是还有客户……

不论是现有客户，还是潜在客户，他们都在对你、你的产品、你的公司——按照这种次序——做出各种价值判断。

他们对你的价值判断，大多完成于演示期间；但在当今数字时代，许多价值感知和价值判断其实早在你（销售员）开始演示之前就已经做完。

现如今，Google可以事先创立某些价值观念，不只是围绕你的产品、你的价格，这只是总体的其中一部分而已。你的个人声誉、公司声誉也在客户的价值感知和价值判断中发挥重要作用。

重要线索：每个销售员都会提前在Google上搜索一下即将碰面的公司或者个人，以获取对方的更多信息。不过，这个销售员绝对不会花同等的时间去Google上搜索一下自己，看看潜在客户会搜索到有关自己的何种信息。

我实在是无法理解，为什么现在还有销售员会觉得自己是隐形的。还有，其实早在你走进客户办公室很久以前，对方对你所具有的声誉（或者所缺乏的声誉），早已了如指掌了。

你的潜在客户或者现有客户只要花不到一分钟的时间，就能在互联网上对你展开全方位搜索，想必你从来没有这样搜过自己吧。那你的销售可就生死难料了。

错误想法：没有互联网平台的人、没有品牌形象的人、个人声誉较差的人，往往会找些软弱的借口，说客户无论如何只会买价格的账。这些人（还有你）可就错得太愚蠢了。

如果你的客户想在你没来以前先做些价值判断，他们会发现些什么呢？

重要提示：如果客户想要在你做产品演示的过程中做出价值判断或价值感知，其中很大一部分会在演示之前就已经做出了。

销售现实：前面的行文中，我给“价值”二字加上了“感知”和“判断”，从而重新定义了“价值”一词。你的客户在做决定时，内心一定也在做“感知”和“判断”。

值得注意的是，我在提到“价值”一词时，从来没有使用“附加”这样的字眼，也绝不会用这两个字。

我已经为你列出了以价值为基础的成功要素。我怀疑你很可能还不具备这些要素。现在，是时候为你做出自己的价值判断了，不管它需要你为之投入多长的时间。

在我看来，这不是一个可选项，这是一个必选项。
经营好自己在市场上的价值和声誉，这样的话，
当你的潜在客户寻求有关你的信息时，
你的可信度也会随之出现。

如果违反法则：你就会容易受价值影响，你就会陷入价格战。警告信号如下：如果你发现自己处于价格恒定不变的境地，那么仅仅是因为你本人、你的言语、你的行动、你的声誉、你的产品和／或你的服务所提供的（感知）价值不够明显。你应该做的事是了解客户眼中的价值，并传递这种价值。客户想要的不是附加价值或者价值附加。这两个词的隐含意味是，客户得先购买才能获得某种价值。这是一种动机，但显然不是价值。

如果遵从法则：如果你能首先传递价值，事情就会变得很不一样。客户会觉得，你是那种能够理解他人、愿意帮助他人的人。不过，请注意，务必要让客户感知到你是个有价值的人，你的产品是对他们有价值的东西；否则的话，如果价值只与销售有关，那终究是没有价值的。

要想了解客户感知在传递价值过程中起到的重要作用，以下给出了一些小诀窍：

- 感知价值是价值的真正衡量标准。
- 感知价值是你区别于竞争对手的真正差异。
- 感知价值让你先人一步，即使不考虑价格，也能谈成生意。
- 感知价值是你的客户在了解你、接触你、看你做完整场演示期间所寻找的东西。
- 感知价值是当你试图建立和巩固关系时，每个客户都会在心目中最先考虑的东西。

注意：在此有必要重申一次：如果你的客户感知不到价值，那么就是没有价值。

啊哈！价值与动机。赶紧把“附加价值”和“价值附加”两个词从你的销售词典里删掉吧。原因：如果客户只有买你的东西才能获得价值，那就不是真的价值——这只是一种动机。一旦你理解价值与刺激之间的区别，你就会明白为什么要首先传递价值——为的是营造购买气氛、实现差异化——而你所说的“附加价值”和“价值附加”只不过是购买动机而已。

啊哈！要想更好地理解价值，请从这里起步：拿出你全部的产品推销资料，再准备一支红色记号笔。来吧，圈出你的客户可能会认为有价值的所有东西。要是我猜得没错，你根本没机会把笔帽拔下来。

啊哈！世上最强大的营销原理就是首先传递价值。

啊哈！价值是一种客户感知。

实现关键：约谈 10 位最好的客户，请教他们认为本公司、本产品、本服务、本人最有价值的地方在哪里。请务必尽可能做笔记，找出总体趋势和重复要素。这些就是真正的价值。只要在销售演示中插入这些信息，最好是以视频证明资料的形式，你的业绩翻番便指日可待。

最低的价值往往意味着最少的利润。
价值胜过价格。

——杰弗里·吉特默

法则 10
站在客户立场

挑　战

大多数销售演示、大多数营销信息、大多数宣传册、大多数广告、大多数网站，都是围绕着本公司及其提供的产品或服务。“我们这样，我们那样，我们非常好，我们最出色。”我把这些信息称为“我们－我们”信息。与此同时，客户——你懂的，手握钞票的那帮人——正在寻找有关他们如何生产、他们如何成功、他们如何获利等方面的信息。这可真是“帮倒忙、越帮越忙”的典型例子。如果客户听到某则罐装产品推销信息，不能直接适用于他们公司，那么他们就会提出别的建议、毫不留情地对你指手画脚、从不回复你的来电或短信，最后还会从其他头脑灵活、懂得把自己的信息个性化的竞争对手那里购买。有问题吗？我有个问题：你的信息是给谁看的？

Unbreakable

Law

10

Communicate in Terms of Them

法则10　站在客户立场

新客户在哪里？他们在新世界……你在吗？

客户总会去而复来——虽然有时候回来得很慢。而当他/她回来后，你就会注意到某些变化。大变化。合理警告：你对待新客户的准备方式，决定你的长期成就。

现实：当你的客户离开时，就由互联网正式接管。网络是新的展厅，新的比价买手。你可以在瞬息之间与人聊天，与人通话。你可以对每种选择一览无遗，还可以看到一些你从不知道的新鲜东西。网络快速而又准确，任何人都可以在任何时间选择任何东西，不论白天黑夜。

是的，互联网已经存在了许多年，但它也稳稳地成为总值亿万美元的购物选择，世界各地的消费者和客户尽在此地。包括你的世界。

如今的世界已变得不一样。有必要重新打起精神，重新补习功课。要么急起直追，要么退避三舍。

究竟是哪里“不一样”，这里给出了一些商业领域的案例。保险公司、汽车经销商、股票经纪公司、银行、住宅建筑商、抵押贷款、商业房地产经纪人、住宅房地产经纪人都已经修改和重组了业务——以上例子只不过是九牛一毛。

而客户也变得不一样了。完全不一样。

请允许我来给你细细描述一番新客户（包括企业和消费者）的模样：

- 新客户做决定时多少会慢几分。他们已经犹豫了差不多一年。
- 新客户对他们住宅和投资的价值很不满。
- 新客户不会像过去那样做生意。
- 新客户不会像过去那样把钱存进银行。
- 新客户不会像过去那样打广告。
- 新客户不会像过去那样买车。
- 新客户不会像过去那样买房。
- 新客户不会像过去那样投资。
- 新客户会上网。他们会查阅你的网站——还有你竞争对手的网站。
- 新客户会社交。他们会告诉所有人，他们的世界和整个世界都有什么新鲜事。
- 新客户会上 Twitter、Facebook、LinkedIn。社交媒体仍是一场风暴。
- 新客户会发表博客，谈论他们与你打交道的经历——全世界都读得到。
- 新客户会发布 YouTube 视频，讲述他们与你打交道的经历，全世界都看得到——千千万万的人（美国联合航空公司，有什么问题吗？）。
- 新客户会使用 Google 搜索，而不是使用黄页。
- 新客户会发短信。很多短信。

- 新客户会使用移动设备，完成几乎一切烦心事。
- 新客户会在酒店房间、飞机上、星巴克、家里使用无线网络。
- 新客户会在线阅读文章，获取新闻资讯。
- 新客户会看《每日秀》(*The Daily Show*)、《科尔伯特报告》(*The Colbert Report*)，或者听名嘴霍华德·斯特恩（Howard Stern）聊新闻，就像他们在看网络“新闻”人看提词器。
- 新客户会在午夜之后购买东西。几十亿美元的东西。
- 新客户会寻求轻松的方式来跟你做生意。
- 新客户会以价值为导向，但也会将价格作为决策的一部分。
- 新客户希望建立关系。
- 新客户希望、需要、期待极致的售后服务。
- 新客户不想等待任何东西、任何人。
- 新客户在寻找想法和答案。
- 新客户会在Google上查看你的产品价格和你的情况，只要两秒钟或者更短的时间。
- 新客户跟你一样了解你的产品。
- 新客户比你更加了解你竞争对手的产品。
- 新客户会立即支付，只要你提供信用卡在线支付方式。
- 新客户在打电话时，希望对方有人接听并能真的帮上忙。
- 新客户烦透了海外呼叫中心，还堂而皇之称之为“帮助台”。
- 新客户烦透了一面被告知自己的来电有多重要，一面被要求稍等片刻、请勿挂机。

- 新客户烦透了录制好的请勿挂机留言。
- 新客户要求真相。不论何时。
- 新客户不再信赖过去奉若神明的人、事、物。
- 新客户期望你跟他们一样懂电脑。
- 新客户需要理解，需要感受你发自肺腑的关怀。
- 你在筛选新客户，新客户也在筛选你。
- 如果新客户需要引荐或者建议，他们会访问Craigslist、Angie’s List、Google等网站或者隔壁邻居和其他任何人，除了你……除非你有在线视频证明资料。

你在思考这些表述（说不定还在找借口）的同时，最好也思考一下你的回答和对新客户的反应。

你最好制订一下战略决策和行动计划，以便应对新客户。

研究完这些表述之后，请问自己一个重要问题：这样的新客户，会成为我的客户吗？

当心新客户！

（他们可能只是老客户的另一副面孔。）

——杰弗里·吉特默

钻还是孔？他们买的是什么？而你卖的是什么？

一名男子走进一家五金店，对店员说：“我需要一把钻。”

店员答道：“嗯，不见得吧。你需要的是一个孔。”

如果你站在柜台里，你的客户走进来说，“我需要一把钻”或者“我想要一把钻”或者“钻孔机在哪里？”，作为销售员，你总会做出回应，开始对话。

现实：他不是来买钻的。他需要的是钻孔。

你可能已经在职业生涯中听过某些版本的“钻－孔”理论，但是你肯定没听过具体的情境、如何应对购买动机、如何掌控销售、如何获得信任，以及如何在买家脑中描绘出结果的图景。

真实课程：（它可以适用于任何销售情境，不管是买家想要某种服务、某件商品，或者需要你帮忙找出正确答案，抑或是达成所需或预期的结果。）如果你提问说：“您在找什么样的电钻？”那么你就是在问一个恼人、自私、浪费时间、价格相关的问题。这对客户而言完全零价值，这也是背离价值销售的错误走向。

很有可能，客户根本不知道自己想要什么样的钻——而你，身具销售才华的你，正要指出一条“钻通道”来告诉对方。你微笑着说：“钻孔机摆在手动工具区，就在那边，靠墙。”或者，“这些是目前打折的一些电钻。”

错！这个天赐良机，你应该让自己成为客户顾问，而不是交通引导员。眼下你还不清楚客户需要什么样的孔。

- 您打算钻多大（直径多少）的孔？
- 您打算在哪种材质上钻孔？
- 您打算钻多深的孔？
- 您打算在室内还是室外钻孔？

如果你试图推荐给客户的“打折”钻是3/8英寸的，而客户想要的孔是1/2英寸的，那么客户肯定不会给你好脸色看。但如果你知道客户想要在木桩上钻1/2英寸的孔，你就可以推荐合适的钻，还可以告诉对方他们需要一个钻头稍小一些的“起动孔”才能钻出完美的孔。

好啦，你学会了！钻－孔－希望－需要－结果。

你可能会抱怨，“但是，杰弗里，怎样才能将这个理论应用到我的销售中呢？”

嗯，这适用于所有销售员、所有销售情境——包括你的：

- 我需要补牙。不，你希望的是健康和免于痛苦。
- 我需要打印。不，你希望的是全彩页的建议书，呈现你的形象，助你谈成生意。

- 我需要新屋顶。不，你希望的是不要漏水，享受生活品质。
- 我需要信用卡。不，你缺少现金，你希望不要花自己的现金。
- 我需要演唱会门票。不，你这一辈子最爱的乐队要开演唱会，你从来没有亲眼见过他们。这根本就在你的遗愿清单上！
- 我需要找到一家餐厅。不，你想要的是在餐厅吃饭，上菜很快。
- 我需要新轮胎。不，你希望的是路途平安，不论是独自旅行，还是有家人做伴。
- 我需要飞往纽约的航班。不，你需要的是参加某次商务会议，或者与家人一道踏上此生仅有一次的旅途。

现实如下：买家、潜在客户和现有客户希望你能了解他们的产品，而不仅仅是你的产品。要让这种信息可以传递出去，他们需要感受到你的激情、你的信念、你的知识、你的想法和你在大肆推销、大吹大擂之外的真诚。

- 你必须了解他们的行业——而不仅仅是你的产品。
- 你必须了解他们的公司——而不仅仅是你的产品。
- 你必须了解新鲜事物和未来前景——而不仅仅是你的产品。
- 你必须了解发展趋势——而不仅仅是你的产品。
- 你必须了解他们的营销——而不仅仅是你的产品。
- 你必须了解他们的生产力——而不仅仅是你的产品。
- 你必须了解他们的利润——而不仅仅是你的产品。

重要提示：客户不会仅仅因为你没有他们需要的产品，就变得不再需要该产品了。

如果我打电话给酒店预订房间，对方说："对不起，我们已经客满。"我会回答："哦，看来我已经不需要房间了吧。"

销售不再是销售，销售是真实需要和预期结果。

销售成交之后，客户需要或者想做的是什么？你该怎样向她展示或者证明，你能提供答案，你是实现完美结局——最终结果——的最佳选择。

这就是客户真正想买的东西：结果。

- 不只是某种东西（或者某种感知需求）——钻。
- 不只是某种行为——钻孔。
- 而是预期结果——钻孔的结果。

如果你希望客户接受你的价格做成生意、建立关系、获得引荐，你最好不要一味推销你的产品特色和优点，而要重视销售完成之后——客户取得所有权之后——会发生的事。

如果你有能力（通过发掘、询问）找到客户真实需要，并且满足这种需要，那么你的答案、你的解决方案、你的想法自然而然就是最好的——客户也会购买。

如果违反法则：说到这里，你应该已经明白，客户期望的是有关他们的东西，不是有关你的东西。如果你的宣传册上写的全都是有关你的内容，那么多半会被别人塞进碎纸机。如果你的产品演示也全是与你有关，那也差不多可以被“粉碎”了。“我们－我们”式演示违反了“客户立场法则”，下场一定是要么惨遭忽略，要么陷入价格战。违反本条法则的昂贵代价将是，它会搞砸你所做的每一场演示，直到你加以修正。损失绝不仅仅是一次性的，而是每一次都有损失。好消息是，这个问题可以得到解决，只要将“价值法则”和“定制法则”应用到你所有的信息和演示中去。只要将价值和定制应用到你所有的信息中去，就会像变魔术一样，“我们－我们”变成了“他们－他们”。而“他们–他们”变成了销售。

如果遵从法则：当你在产品演示开始时呈现出某种有利于客户的想法，或者某个体现出你有所准备的问题，或者某些影响客户业务的事实陈述，你会马上发现，客户在牢牢关注着你和你的话语。你会发现，这场演示既受欢迎，也受尊重。你会发现，客户在提有关交货和所有权的问题。最重要的是，你会发现，你在做演示时具备了相当水平的可信度，因为它既有价值，也个性化。

啊哈！请用“针对客户的价值”这一标准来评估你们公司的推销资料。请用“有利于客户的价值和定制”这一标准来评估你的幻灯片和产品演示。

从“我－我”、“我们－我们”转型为
“你－你”、“他们－他们”，绝不仅是可选项。

实现关键：客户只有在知道你对他们感兴趣时，才会对你感兴趣。一种证明方法是，你可以在走进会议室前做好充分准备。不仅要准备与客户有关的信息，以及他们如何成功、如何获利。你还必须提供无可争辩的最终证据来扫清最终障碍。邀请那些因为你传递的信息而购买，并愿意为你证明产品有效性的其他客户来制作视频推荐资料，这就是最终证据。

法则 11
先提问再陈述

挑　战

问题是一切销售的核心。问题能把“卖”转换成“买”。问题能揭示事实、需求、动机、情感，问题还能帮你促成销售，而且比进行产品演示要快 100 倍。你可能会以为，只要懂得这一点，所有销售员就都能提出画龙点睛的问题。那么你就错了。

简单事实：如果你提不出一鸣惊人、引发情感的问题，你就会败给会提问题的竞争对手。

Unbreakable Law 11

Ask Before You Tell

法则11　先提问再陈述

看待问题和投入的新方式：情感

你向一个现有客户或潜在客户提问题，目的是促使对方去思考，引发对方的情感反应。

对大多数销售员来说，这项策略听起来恐怕像天书。

思考由此开始：销售过程中，做决定靠的是情感，讲道理靠的是逻辑。一旦你理解这个事实，就会明白引发客户的情感反应、营造做购买决定的氛围是多么有意义。

大多数销售员都在接受培训时学习过开放式问题和封闭式问题之间的差别。所谓封闭式问题，指的是答案只有“是”或“否”的问题。而开放式问题，则可以与客户开始互动、对话。开放式问题固然很好，但未必能引发情感反应。这番学习过程虽说很有必要，但其核心议题多少有些过时。

以下将向你介绍一种有关提问策略的新思考：逻辑式问题和情感式问题。

这种思考过程和战略将帮助你重新认识到，客户会怎样想、怎样做决定。

只要善于利用情感式问题，便能让客户决定选择你。

注意与挑战：请仔细玩味这种新的提问过程，它能帮助你规划出有助情感投入的问题。我会讲一些可供使用的语句，举一些问题示例。你要做的事情就是理解这一过程，根据你自己的产品、服务、客户需求、客户预期结果，来设计你自己的问题。如能提出引发客户情感投入的问题，便能让对方的注意力远离逻辑——也就是价格。

逻辑式问题聚焦的是以前常提的“筛选”问题。这些问题不仅让客户讨厌，更会激怒客户。逻辑式问题基本上就是张嘴要钱，好让销售员垂涎三尺。“您现在可以怎样付款？”，或者“您过去怎样付款？”，或者“您的预算是多少？”，或者“您打算租赁还是购买？”这些问题应该统统归入“与你无关”类别。

核心观念：请不要界定目标买家，让他们自己送上门来，因为你如此友善、如此有魅力、如此掏心掏肺地表现出兴趣。

已故的人际关系学大师戴尔·卡内基有云：“你在两个月内因为对别人产生兴趣所交到的朋友，比起你在两年内试图使别人对你产生兴趣所交到的朋友还要多。”

情感式问题问的是客户的生活，而不是客户的金钱。你在开始产品演示之前，不妨问客户一些情感式问题，比如这样开头：“一直以来你想要……有多久了？”或者“你心中希望的是什么？”

请让客户描绘出他们对结果的想象。请让客户描绘出他们购买之后的图景。

情感式问题引发了感觉——感觉会让人真正投入，会让人吐露真言，而有关你的产品或服务的诚实回答会影响他们的预期结果。

不妨在进行销售演示时，问问诸如此类的情感式问题：

- 这是你心目中想要的东西吗？
- 这能满足你的需要，你觉得呢？
- 你的家人会喜欢的，你觉得呢？

或者问得更深入一些：

- 你觉得博比看到这个会怎么说？
- 你希望实现什么样的目的呢？
- 你会在业务中怎样使用它呢？
- 你认为它会对你的工作效率有几分提高呢？
- 你认为它会对你的利润产生怎样的影响呢？

理解要点：人们不是真的来买东西。人们来买东西是因为想用东西。在客户看来，买完东西以后的事情远远比买东西的实际过程更重要。因此，在此过程中引发客户情感，就是促使对方把东西买回家的关键所在。

无论你想卖东西给某个个人还是某家企业，无论你是在电话销售还是面对面地推销，这种过程和这种情感投入是一模一样的。

别人想要买东西回家，而你的工作就是让你的产品在他们的脑海中形象化，使他们与你谈生意、认同你、相信你、支持你、信赖你、接受你的价格，然后做决定。

这里的关键是情感投入。

没有人为操纵，没有施加压力，没有以前的销售技巧，没有神经语言学的设计。只有友善，只有真诚的情感投入，同时打动心灵和头脑。

“杰弗里，别人一直告诉我要‘找到痛苦’。这是情感吗？”这的确是情感，但这是一种消极的办法。一种非常消极的办法。痛苦是一种消极的情感——或者像我所说的，是一种“与你无关的情感”。“是什么让你彻夜难眠？”之类的愚蠢问题，只能在你和客户之间形成一种不舒服、不安定的气氛。而大多数时候，如果你提的是消极式问题，客户往往不会如实回答你。

不要找到痛苦。要找到快乐。

快乐能唤起积极的情感。“跟我聊聊你的假期活动吧。”“你的时尚热情是如何感染让摩根的？”“你对高尔夫的热爱如何鼓舞了亨利？”“你今年的自行车之旅打算去哪里？”

- 找到他们的快乐。
- 找到他们的目的。
- 找到他们的预期结果。
- 发现他们真实的情感动机。

……这样你就能找到他们的钱包。现在，你就收获了快乐。

当你让客户想象出结果时，
你也让他们想象到了“拥有产品”
——也就是你所谓的“购买产品”。

——杰弗里 · 吉特默

是什么让我彻夜难眠？与你无关！

销售员（当然不是指你）不会提问题是出了名的——提的问题不仅让人难堪，而且还很失礼。还有一条，如果我不加上就是我的失职：提的问题让他们看起来如饥似渴，而且不顾一切想要做成销售。

销售中最愚蠢的问题要数："到底怎样才能跟您做成生意？"这是迄今为止你可以向客户提出的最糟糕的问题。它让你变成一个价格销售员，而不是价值提供者；它让你看起来很"需要"这笔生意，而不是想要赢得关系、发展关系。

现实：还有一个问题的愚蠢程度与之不相上下。那就是："是什么让你彻夜难眠？"

你在开玩笑吗？与你无关，这就是答案！

你只不过刚开始进行销售拜访，谋求建立积极往来的关系，赢得一定程度的"喜爱"和"信任"，你居然敢问我那样的问题？这几乎就跟想要"找到痛苦"一样愚蠢。别让我以 1972 年时缺乏诚意的销售策略开场。

为什么不向潜在客户提一些与他们的真实生活、目前处境有关的问题呢？怎么也得比美国小姐比赛中提的问题更加有建设性吧？

重要的"啊哈！"问题：是什么让你清晨醒来？

这是一个积极式问题，只要你笑着提问，就会得到真正的答案、真正的事实，发现真正的道理。这个问题很轻松，但很强大，只要紧跟着"还有呢"或者"然后呢"之类的提示，就能成功开启一段对话，而且完全以客户为中心——这样就能达成互动的目的。

行动方案如下：首先，站在自己的角度想想所有以下回答。是什么唤醒了你？答案反映了你心目中头等重要的想法、议题、关注点、目标、问题以及面对它们的态度。明白了吗？现在，向你的现有客户或者潜在客户提出来吧，然后听听他们那些让人瞠目结舌而又自圆其说的回答。

你提问："是什么让你们清晨醒来？"他们回答：

- 阳光。简单的答案。接下来的问题会是："然后呢？"
- 闹钟。另一个简单的答案。接下来的问题还是："然后呢？"
- 孩子。精彩的答案！如果你也有孩子，接下来会是针对相同观点和共同兴趣的五花八门探讨。
- 交欢。有点儿棘手。接下来让潜在客户自由发挥吧。
- 咖啡－冲澡－运动－新闻。这些话题可能让你找到能够共同分享的事情。
- 这一天以及要做的工作。人们总是觉得他们的日子比你的日子更重要。特别是在当对方喋喋不休、不停抱怨"有太多事情要做"的时候，你更加能体会这一点。

现在，我们不妨挖得更深入一些。多问“然后呢？”之类的问题，你会进入对方现实生活的下一阶段。一开始是阳光，现在就会进入一些实质性的问题。你可以提问：“是什么将你唤醒？”他们可能回答：

- 金钱，或者缺少金钱。站在你的角度来想想这一点。说起来很轻松，但却很实在。
- 健康问题。身体疾病或者健康状况可能影响到他们的注意力和决策能力。
- 痛苦。如果他们感到痛苦，那么痛苦会影响注意力的集中程度和跨度。
- 正能量/积极期待。这很棒。热情的客户能够与你所做的出色演示产生共鸣，感染你的积极情绪。
- 所有让他/她感到兴奋的东西。这些都是黄金般珍贵的事情，一旦你的产品有了机会，必须大加渲染，并且与未来可能发生的情况相对照。
- 重要问题。税务部门追讨，生意失败，名声扫地，官司缠身。有望成功的并购，等待确认的大订单，都可能是积极的信号。
- 业务问题。日复一日的事务往往会阻碍月复一月、年复一年的事务。摆脱世俗气，多关心总是抱怨的人。
- 个人问题。不管是家庭问题，还是恋爱问题，都可能对你的会面结果产生真实的影响——成婚在即或者离婚在即？
- 职业问题。工作、老板、销售、人员、事件，可能对你今天必须完成的事情产生巨大的影响。
- 唠叨问题（担忧）。这些因素会减弱客户采取行动的意愿。如果你知道这样的情况，你就不太可能变得不耐烦，而是更乐意设计一个成功的计划来做成销售。

- 未完成问题。没做好的事情。销售员要是听到耳边传来“等到……以后再……”这样的话，真是非常失败。但如果你知道问题出在哪里，你就能更好地了解“这个时间”。
- 进行中的项目。大多数人可以承担的工作和项目，数量上都有限制。当你的客户心里总惦记着“眼前情况”和“重大项目”时，你就应当明白该缓一缓了。请明确说明预计的完成日期。
- 截止期限。如果大限将近，你就完蛋了。最好的办法是提供援助。

重要线索：不要让整个过程显得太过度。提出几个问题，得出几个答案，然后再继续向前推进。这样的话，你就能获得一些新的信息，可能还会了解到一些共同兴趣、收获一些微笑，当然还有投入思考的潜在客户。

我只是让你思考了，不是吗？你也可以把这一招儿用在潜在客户身上。千万要避免提出防御式问题。你的反应会带领你走上正确的道路——保持业务关系和相互尊重的道路。

如果违反法则：只要你能完全理解我的个人法则——“人们不喜欢推销，但喜欢购买”，你就会马上明白，多提问的销售方式远比多陈述的销售方式有效得多。如果你的演示不是从问题开始的话，你就违反了这条法则。如果你没有在演示中间穿插问题的话，你就违反了这条法则。如果你没有用问题来结束演示的话，你就违反了这条法则。强大的、投入情感的问题。

重要提示：如果你觉得自己提了很多问题，还是没有得到你想要的结果，那么很可能因为你的问题是以前的“界定性”问题——建立在金钱和你的需求

（或者说是你对做成销售的贪欲）基础上的逻辑式问题。

如果遵从法则：这条法则的基础是力量。准备的力量、问题本身的力量、擅长提问的力量——提问方式能让客户惊叹于你广博的知识，对你的周全准备印象深刻，然后自然而然地说出对你有利的回答。优秀的问题促成优秀的互动。情感式问题引发情感式投入。所有这些元素共同结出制胜的果实，不仅谈成销售，还建立了关系。当客户对你提出问题的质量印象深刻时，他们就会更乐意，也更可能提供真实的信息。

附加奖励：只要遵从这条法则，你就会不断提升专业地位，甚至跻身销售霸主的行列，因为你面对的客户要求越来越高，而且总是想知道“这对他们有什么好处”。

友情提示：请不要以为一两个问题就能带你到达销售乐土。要想为真正的投入和尊重打下基础，需要20~25个问题。

啊哈！要设计出强大而又能打动人的问题，要花的精力比你想象的多得多。合理分配时间，努力去做吧。

啊哈！根本原则就是要让客户停下来思考，细想新的信息，并针对你的问题做出回应。

啊哈！陈述是卖东西。提问是买东西。提问是倾听，是学习，是发现客户的目的或购买动机。没有提问，你绝不可能按自己的价格做成销售。

实现关键：要想把握提问的优势，关键在于协作。从你的10位客户开始吧。挨个儿与他们谈话。问问这些客户，为什么要买你的产品、为什么喜爱你、为什么保持忠诚、价格因素在你们的关系中会产生多大影响、他们为什么愿意引荐你，以及他们使用你的产品或服务的体验如何。认真记录所有对话。通过这份记录，你就能根据他们的回答内容设计出强大有效的问题。设计好问题后，不妨去找你的同事、老板、CEO。把你的问题说给他们听，征求他们的意见、反馈和想法。以上协作将会帮你提出最有效的问题，实现你所期盼的约定、尊重、影响，还有销售。

最强大的终极问题，

是要让客户明白，

你这里不仅有生意，还有价值。

——杰弗里 · 吉特默

法则 12

提供难忘服务

挑　战

请回想一下你接受过的最难忘的服务。一定与别人分享过吧？现在请回想一下你为客户提供的服务。有多少人在讨论你呢？答案是：还不够多。难忘服务不应该毫无计划，也不应该偶尔为之。难忘服务必须有意去做。难忘服务与其说是一种营销、广告或者社交媒体，不如说是一种制胜战术。

Unbreakable

Law 12

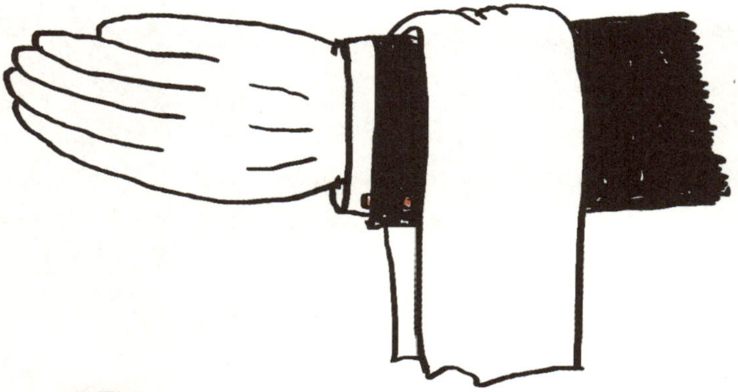

Serve Memorably

法则12　提供难忘服务

服务就是主导。你主导的是谁？

你一定听过不少讲述卓越服务的故事。诺德斯特龙百货（Nordstrom）、雷克萨斯汽车（Lexus）、汽车地带修配连锁店（AutoZone）、莱斯施瓦布轮胎（Les Schwab）、美捷步网络鞋店（Zappos），还有许多小型企业的员工们，他们提供的非凡服务早已大大超出常理。

这些故事你可能已经听够了，也受够了。尤其是如果你提供的服务太差劲。

你会在机场看到某一家航空公司挂出的巨大横幅，大肆吹嘘自己夺得了鲍尔市场研究公司（J.D. Power）评选出的“客户满意奖”。

咦？是我看错了吗？连航空公司都能拿这种奖项了吗？拿个“行李费奖”什么的还差不多，但我不太懂，一家公司让电话那头没完没了地等待，不管什么事都不能合理解决，改签机票必须加钱，还得排上一个小时的队来接受“服务”——只不过是领取登机牌、付钱托运行李——究竟何德何能获得奖励。请告诉我，到底哪里该“奖”？

但我离题了。

现在是时候清醒过来，认识到事情早已不再像过去那样了。尽管你可能还会从经济学专家或者政府智囊团那里听到或者了解到某些信息，但距离事情恢复到以前的面目（如果还能回得去的话）恐怕得经历漫长的时间。

而与此同时，现实世界中的你和我都有工作要做，有公司要运营，有客服要服务，有人员要雇用，有态度（士气）要维持。有些人会认为这些任务比其他事情更重要。

所以现在不是指责埋怨的时候。现在是承担责任——个人责任——的时候，为了获得商业成功，尤其是你自己的商业获得成功。不论你是持有产品、卖力销售、为之努力，还是成为其他商业大家族的一员，现在都是时候了。

现实：世上没有救星，我的意思是，世上没有随便寄到你邮箱里的救济金。邮箱里不可能有支票。

现实：你就是救星。我就是救星。你和我加在一起就是共同的救星。

现实：你的胜利开始于客户的胜利。没有客户，就没有胜算。

现实：客户会越来越少，而剩下来的客户花费较少。

友情提示：我说的不是“不花钱”，我说的是“少花钱”。

现在是时候思考“售前服务”了

以下是你的救济金、生存、销售、成就所需的要素：

- 成功始于心态培训。如果你或者你的同事感到愤怒、害怕或怨恨，这些情绪会带到为客户服务的方式中去。

- 友好不需要额外的成本。但友好值得换来财富和声誉。
- 确定每次服务机会。真正为同事、为客户服务的机会，可能只有不到25次。一旦你确定了机会，就可以召开一次（或者多次）公司会议，确定最佳做法，确定日期去落实这些新的、更好的服务策略和表现形式。
- 服务是个人，不是公司。首先为自己服务。这可能是我提出的观点中最难做到的。这意味着你必须为你所说、你所做的一切负责——为自己，也为他人。

好消息！如果你从今天开始做，你就能正好赶上客户的浪潮，同时经济也开始复苏——或者我应该称之为“报升”？不论怎么说，时针都开始运转了。最好抓住机会，赶在浪潮涌向你的竞争对手之前，抢先迎上去。

服务是和气，是用心，
是为了你的客户
做正确的事——最好的事。

——杰弗里·吉特默

服务带来销售，如果你知道如何行动和如何提问

每当有客户打来电话，就是一次机会。唯一的问题就是：你要怎样加以利用？

不要答复我“感谢您的来电”，一边说我的来电有多么重要，一边让我等候下一位空闲的接线员接听电话。也不要为了“更好地为我服务”，要求我从以下8个选项中挑一个出来。

以下8个选项都不是我的选项——我手上有钱——你想要钱——你需要钱——所以最好放聪明一点。

雇主最不应该砍掉的东西是销售、服务和培训。最应该砍掉的东西是高管薪酬，其次是砍掉管理人员薪酬，接下来是按照需求清理中层管理人员。也可以让这些人去做销售员，让他们贡献出应有的力量。

另外，客户需要的是帮助、服务和答案。你能否及时帮助他们，能否为他们提供难忘的服务，这种能力决定了你的声誉和你的命运。

以下是服务的方法：

- 要以朋友的姿态开始对话，不要管他们怎么做、怎么说。
- 不要担心你的感受。要担心他们的感受。
- 要询问他们，你可以怎样尽可能为其提供帮助。
- 不要告诉他们你做不到的事。要告诉他们你做得到的事。
- 要让他们看到，你提供的解决方案或答案，正是他们所需要的、所期待的、所乐见的。
- 要亲自与他们进行对话。
- 要确保客户对本次通话结果表示满意。
- 要通过后续行动和沟通兑现你的承诺。

以下是服务成功的秘诀：

- 保持简短，但要得到你所需的能够帮助他们的信息。
- 如果客户很生气，就将对话缩减得更短，但要在解决本次投诉之后安排第二次通话。告诉他们会发生什么好事，而且要快速地告诉他们。

跟进一些意想不到的举动来做成销售。我把它称为“锦上添花”：

- 发电子邮件表示感谢。告诉他们你多么享受与其一起聊天的时光，多么欣赏对方的企业。
- 回复电子邮件时加上你的想法或建议。
- 回复电子邮件时加上解决方案，或者承诺帮助对方补救。

- 在问题得到解决后，请销售员回电话告知。

客户现实：

- 我不想在电话那头等待。
- 我特别不想听到等待接听时的自我服务式消息。
- 我不想排队。
- 我不想听到“不”。
- 我不想听到你解释为什么做不到。
- 我不想听你说你们公司的规矩。
- 我不想捐赠给你们的慈善机构。
- 我想要帮助，我想听到“好”，我想要快速获得帮助。

经济现实：

- 当生意不景气时，士气也很可能低落。先花点精力为团队每一位成员调整一下心态。
- 当生意不景气时，要想做成更多销售，最好的办法是形成更加友好、人性化的互动。
- 当生意不景气时，要想获得现有客户更高的忠诚度，要想做成更多的销售（生存和发展的最可靠路径），最好的办法是改善服务，而不是削减服务。

好了，现在你已经知道需要做什么了，那你打算怎么去做呢？你愿意采取什么样的行动？你愿意做出什么样的投资？你是否明白，一切的关键在于客户忠诚度（而不是客户满意度）？

重要线索：请记住，没有哪一家公司是靠排除障碍走向成功之路的。

现实：排除障碍只能让你变得安全，销售产品才能使你走向成功。

如果你想在这种或者其他经济情况下打胜仗，你必须做好打胜仗的准备——准备好正确的态度、正确的信息，以及正确的服务心态。

你准备好了吗？

如果违反法则：如果你让电脑来替你接电话，你就已经违反了这条法则。如果你使用“政策”之类的说法，你就已经违反了这条法则。就从这些地方开始。违反这条法则受到的惩罚是两方面的：声誉受损，客户流失。很少有法则会导致这么严重的后果，也很少有法则会这么容易解决。你不必时时监视自己的糟糕服务。你的客户会在Facebook、Twitter上替你监视。你要做的工作就是解决问题，不断改善服务。

如果遵从法则：你的商业声誉，不管是在网络上还是私底下，都会一飞冲天！你会因为每天执行常规的商务活动，并将之转变为令客户感到愉快的惊喜而声名远扬。你不仅能收获更多的生意——还有更多的忠诚客户、更多的引荐、更好的声誉、更高的利润。下次要求我“从以下8个选项中挑一个出来”的时候，请三思而行。

注意：平淡无奇的服务，甚至彬彬有礼的服务都不怎么受欢迎。这不会带给你竞争优势或者商业优势，唯有难忘的服务才可以做到这一点。

交易一结束，客户就会开始谈论你。
他们会用以下5种表达方式描述自己的经历：
很不错、不错、不好说、差劲、很差劲。
而无论他们怎么说，都会带来下一场销售——
要么继续与你合作，要么转而投向你的竞争对手。

最棒的地方是：你可以选择。

啊哈！我的“难忘口头禅”：找到个人的东西，做出难忘的事情。

啊哈！从不错发展到出色，再发展到难忘。

实现关键：首先从聪明而又快乐的员工开始。接着，定义什么是难忘，每个人如何在日常互动中使人难忘（西南航空公司就靠态度友好的员工和幽默做到了使人难忘）。找高层人士和普通员工面谈，设计出让人“哇！”的想法，同时取得让人“哇！”的权限。然后对所有人进行培训，使其掌握一些特定的短语和行为方式，以便他们在为客户争取利益时可以借鉴使用。

法则 13
以忠诚换忠诚

挑 战

我在 1998 年写的指导书《客户满意一钱不值，客户忠诚至尊无价》(*Customer Satisfaction Is Worthless, Customer Loyalty Is Priceless*)，如今还在用作定义“满意”和“忠诚”这两个概念间区别的标准。你的客户是满意、非常满意，还是仍然在与你的竞争对手做生意？不要再自欺欺人了。你应该问自己的问题是：我的客户忠诚吗？比满意差一点的有不满意、有愤怒，还有更糟。事实上，你有很多客户永远都不会满意，但还是在与你继续做生意。这些客户叫什么？他们就叫忠诚！

Unbreakable Law 13

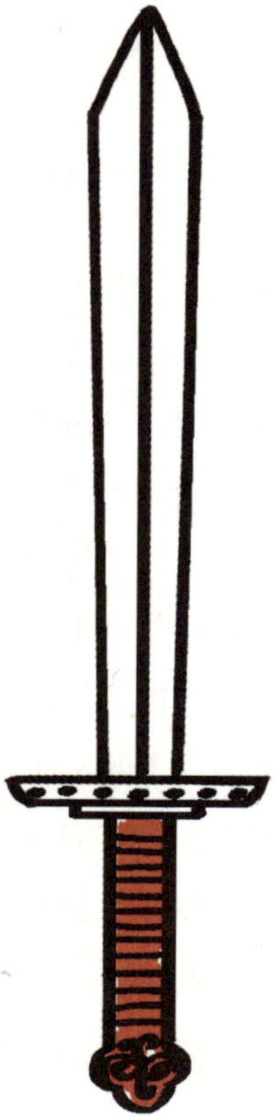

Exchange Loyalty

法则13　以忠诚换忠诚

你采用了哪种主动的营销方法去提高客户忠诚度?

我刚刚收到这样一封电子邮件:

亲爱的杰弗里，我是你的铁杆粉丝。我最近有一段“哇！”的经历，完全与你所说的忠诚度与满意度理念不谋而合。今天，我收到下面这封来自亚马逊的电子邮件:

您好，我们注意到您在使用亚马逊视频点播服务（Amazon Video on Demand）观看如下视频播放节目时体验欠佳:《饥饿游戏》（*The Hunger Games*）。很抱歉给您带来不便，我们已向您发出如下金额的退款：3.99 美元。尽管亚马逊视频点播服务的交易通常不予退还，但是我们非常乐意为您破例。这笔退款将在 2~3 个工作日内处理完成，并将记录在您购买本服务使用的信用卡的下一期账单上。

这让我非常吃惊，原因有好几个。没错，我确实注意到观看这部电影时缓冲比以往更频繁，没错，这的确很讨厌。但是，这只不过是一点小小的失落。我没有抱怨。我没有填写什么问卷调查，也没有反馈过这次体验。说实话，在收到这封电子邮件之前，我根本没有再想过这件事。

当我看到这封邮件时，我不由惊呆了。他们注意到了。他们注意到这次特殊的体验比他们的正常标准要差。但更重要的是，他们注意到了，尽管我没有告诉他们。

如果我抱怨，好的公司会为我退款。他们当然会退款，这是预料之中的事。但我从来没有想过，一家公司可以在客户没有任何表示的情况下为我退款。从来没有想过。而这实在是惊喜。

如果他们没有退款，我会继续使用他们的服务吗？会的，经常会用。那么区别在哪里？区别就在于我本来不会引荐他们。今天下午2点18分，我收到这封电子邮件。然后，我就把这件事告诉了所有同事，发布在Facebook状态墙上，现在还写信告诉你。

亚马逊虽然今天损失了4美元，但却获得了一辈子的客户！这件事太让人印象深刻了，我忍不住要与人分享。

愿你有美好的一天

坎迪斯

很精彩，对吧？积极主动而又令人难忘的服务。

亚马逊密切监视网站流媒体带宽的质量，并能自己识别出质量问题。然后，他们便能有所作为。不是费时费钱的“问卷调查”，不是假惺惺的空头道歉，而是诚恳、老旧地坦承自身失误，还为自己的体验不佳主动退款。

我敢打赌，这种事亚马逊已经做了成千上万遍，每一个有相同遭遇的人都收到了相同的客户反馈。多么好的策略！我们首先要确保客户体验很出色，如果没做到，那我们就给他们退款吧。

简单。强大。赚钱。放弃区区 4 美元，赚回千万客户。我想知道，这主意到底是谁想出来的？反正肯定不是他们的广告代理公司。

来看看亚马逊的做法和客户反应所换来的商业和销售成绩：一次惊人的“哇！”，几篇社交媒体的帖子、一份惊艳的证明资料、客户忠诚度，以及难以用投资回报率尺度来估量的、不断传播开来的价值。亚马逊凭借积极主动而又令人难忘的服务，回报颇丰——“哇！”因素、社会化反应和顾客口碑。这远远比“至尊无价”还要丰厚——从长远来看，一定会财源滚滚。

教训如下：你可以考虑投资一些营销方案，吸引新的人群——或者，你也可以考虑向现有客户提供尽可能优质的服务，让他们来替你拉拢新的人群。

预测：我敢打赌，现有客户体验的投资仅仅是任何一项营销方案投资的 1/10。事实上，我怀疑这样的反差至今仍存在于营销团队心中。他们还在使用石器时代的测量标准——投资回报率。

一路以来，亚马逊一直是互联网行业的领头羊，靠的不仅仅是价格——付款交货；他们凭的是远见和韧劲儿，质量和价值，交易便利和一键下单，以及购买建议和允许客户发表评论。

现在我们还可以在这份长长的清单上再加一项：主动的“哇！”互动。他们之所以称雄，是因为他们与众不同。他们之所以称雄，是因为他们敢于创新。他们不研究市场——他们创造市场。

请牢记这一教训，并把它分享给你的客户。如果你能想出既富有创造性，又能引人注目的东西，你就知道这是别人拿不走的宝贵财富！

主动式服务并非无价。
你可以将它换成金钱。

——杰弗里·吉特默

客户健康……
预防不良客户关系的最好方式

大家都在讨论不断上升的医疗保健成本。我说的可不是。我讨论的是你的客户关系的健康状况和幸福感。

- 他们与你的关系有多健康?
- 要维持与客户的健康关系，你花费了多少成本?
- 成本是否在不断上升?

让我来给你一点提示：维护客户的成本与失去客户的成本相比，简直是小巫见大巫。

- 你是否有客户关系状况欠佳的客户?
- 你是否有客户（因为与你打交道）感到不舒服?

- 你是否有客户拼了命地想甩开你？

那要付出多少成本呢？

如果你的客户很愤怒——不妨认为他们患上了商业疾病。他们像快死了一般地对你感到厌烦！与人类疾病一样，商业疾病也可以视病情的程度分成不同的阶段。一旦发现得病，你往往会拼尽全力，即使白白浪费数千美元，也想要把病人救回来。

但如果发现病情时已经太晚了，病人就很可能救不活了。

事实上，你本可以花更少的钱，本可以预防疾病的发生。与其坐着干等，眼睁睁看着客户病入膏肓，何不提早建立客户健康计划，赶在第一时间预防疾病呢？

嘿，且慢。这听起来未免太轻松了！

警钟长鸣：预防是最好的办法，最简单的办法，最省钱的办法，也是预防竞争的办法。

以下是我的12.5步健康计划——一个能帮助你和你的同事提供难忘服务、维持客户忠诚的成功秘诀：

1. **树立标杆。**可接受的最低标准、应对方法、决策参数、所有客户来电的事由清单、所有客户投诉的清单、所有客户期望的清单，以及针对每种情境的书面化“最佳应对”方案。

2. **根据你的基准，编制具体行动。**每个团队成员都应该学会说“好”。把说“不”的权力留给高层管理人员吧。

3. **从“好！”开始。每个人都应该从心态修炼开始。**不管采用什么样的积极手段，都要练就“好！”心态。

4. 关键在于持续不断地训练。首先从“好！”心态起步，然后再努力开发实现目标、了解自己和同事、增强自豪感、承担责任、倾听理解、有效沟通、拥抱变革、做出决策、提供难忘服务以及团队合作所需的基本技能。

5. 制定标准化的“牢骚应对”公式。要确保团队里的每个人都知道如何尽善尽美地执行任务。

6. 咨询客户如何才能更好地为其提供服务。问问你的客户，听听他们在这段关系中最看重的是什么。问问他们你还有哪些地方可以改进。请他们评价一下，在对他们头等重要的领域里，你的优势和劣势分别是什么。了解他们的想法，然后把这些变成你的想法。修正或者改变你的方法和认知，使之符合他们的方法和认知。

7. 评估自己的优势和劣势。制订计划，改善劣势，要确保有最后期限和可衡量的结果。

8. 确定你的竞争优势（你的超级优势）。尽可能发挥优势。要想确定自己的强项，请咨询客户。

9. 多出现在客户面前。一定要比竞争对手多露脸。开发各种工具，辅助这一过程（电子邮件杂志、社交媒体等）。

10. 每次遇到客户都提供特殊而难忘的服务。善待每一位客户，像对待名人一样对待每个人。

11. 不厌其烦地给客户惊喜。超越客户期待，让他们久久难忘。你一定知道，惊喜是什么感觉。把惊喜带给别人。让别人开始谈起你。

12. 下决心多走一段路。有时候要付出额外的努力，才能提供更好的服务。你必须怀有意愿，加倍努力去实现。

12.5. 不请自来的引荐就是你的成绩单。客户主动提供的引荐，是你成功的指标，是你品质的证明，是你服务能力的成绩单。

觉得自己能做到吗？觉得你和你公司的每个人都能维持好客户健康状况吗？想听我的看法吗？你别无选择。

健康和医疗保健是美国目前的两大难题。请把客户健康摆在头等大事的位置。

吉氏免费小贴士：

如果你想阅读更多如何维持客户忠诚度的建议，请访问www.gitomer.com，并在GitBit框内输入单词“loyalty”（忠诚度）。

如果违反法则：做不到以忠诚换忠诚，意味着你的每一位客户都很容易转投向你的竞争对手。不只是容易被价格吸引，而且容易被服务吸引，容易被友善吸引，还容易被感知价值吸引。没有了忠诚度，你就会开始怪罪每件事、每个人，而不是为自己的行为和反应承担起责任。仔细想想吧，因为它关系到你的事业……招徕新客户需要多少成本？为什么你会因为服务不佳而即将失去客户？向提供难忘服务、维持客户忠诚度投资，远比向招揽新客户投资更容易赚钱。

如果遵从法则：客户忠诚度是企业成功的最高衡量标准。有些客户多年来与你打交道、做生意，他们会在改变主意之前抗争，他们会主动告诉别人你是多么出色。忠诚客户为公司的财务安全提供稳固的基石。每一笔销售都更加有利可图，每一次交易都更容易做成生意，而且他们很可能是你在社交媒体上的拥趸。不同于一笔再订购或者一次引荐，客户忠诚度没有明确的衡量标准，但是不断提升的赢利能力和日益增长的声誉则有其衡量标准。

注意：如果你认为你与一家B2B客户建立了出色的合作关系，但你还是要向他们投标或报价才能获得订单，那么你就应该重新考虑一下你的观点。你们之间存在的是竞标关系。他们不是你的忠诚客户。

注意：请不要混淆客户忠诚度和强迫性忠诚度。航空公司里程数就是强迫性忠诚度。公司往往采用忠诚度计划，但实际上这些应该叫作刺激性计划。这些计划与客户忠诚度毫无关系。

客户满意度是可接受的服务中的最低水准。

啊哈！大公司多半声称自己的客户满意率高达97%，但又说自己的客户流失率为15%。咦？臆造的评判标准导致了错误的认识，以及内部信念的丧失。（顺便提一句，那3%的客户会在社交媒体上把自己的不满意讲给几百人，甚至几千人听。）

啊哈！培养忠诚客户的做法：友善的接线员，在电话铃响第二声之前及时接听。需要及时响应客户问题。要用难忘的方式解决服务问题。千万不要提到“政策”这样的词。千万不要与客户争论。千万不要让客户在电话那头空等。千万不要对客户失礼。

实现关键：转到现实模式。开始针对你的现有客户群衡量以下两件事情：

1. 他们愿意再一次与你做生意吗？
2. 他们愿意主动向他人引荐你吗？

其他衡量标准根本毫无可信度。其他衡量标准根本就是一文不值。

要让这条法则变成你的商业现实，你必须把“满意”这个词从你的词汇表里去掉，绝对不能再拍拍脑袋，凭空想出一些统计数据来。

如果你的客户是健康的，
那么你就会是富有的。

——杰弗里 · 吉特默

法则 14
赢得客户信赖

挑　战

信赖是你人生成功的支点。你信赖谁？谁信赖你？这可真是尖锐的问题。或许还算得上是有史以来最尖锐的问题。但有个例外：你信赖自己吗？听到这个问题，你可能会立马不假思索地回答“信赖”，但是再仔细想想，答案可能就没那么肯定了。而更有意思的是，除非你能信赖自己，否则你不能／不会信赖他人。信赖来自内心。如果你对自己摇摆不定，那么别人会清清楚楚地看在眼里，也因此不会信赖你——或者说不会使你看起来值得信赖。我写的《信赖小青书》（*Little Teal Book of Trust*）提供了有关信赖的深刻见解。我们的目标是让你走上信赖自己、信赖别人、赢得信赖之路。

注意：请仔细阅读。请承认并面对你的缺点、你的畏惧、你的惶恐、你过去有关信赖的经历，请逐一认真落实每一个信赖要素。

Unbreakable

Law

14

Earn Trust

法则14　赢得客户信赖

互相信赖，理想关系的本质

20 世纪 50 年代，美国著名主持人约翰尼 · 卡森（Johnny Carson）有一档电视节目，名叫《你信赖谁？》。

这一档电视节目的假设前提是，你接受或者质疑你配偶所给出的答案。你是信赖这个答案，还是怀疑这个答案？

你在生活中很多时候也是这样。你的销售活动很多时候也是这样。你与他人的关系很多时候也是这样。

如果我问你“你信赖谁？”，想必会引来一阵深思。

你可能会立马说出几个名字，但随着你想得越来越深入，考虑的诸多因素不断涌出来，你才能说出几个真正信赖的人。

我想知道的是，有谁会信赖你。

深入探讨：说起值得信赖的人，你的客户会不会马上就想到你？还是会犹豫一会儿或者思前想后，然后才会想到你？（姑且假设他们能想到你好了。）

人们总是问我，怎样才能建立信赖关系。答案非常简单。请执行如下自我发现的步骤：

- 请将你信赖的人列出一份清单。写下你信赖他们的理由。经过这样一番研究，你就会立刻明白如何获得他人的信赖。是优质的性能？是优质的建议？或者是一贯的以诚相待？友情提示：你信赖的那些对象都是长时间才赢得你的信赖。你也不例外。
- 请将你确信会信赖你的人列出一份清单。他们为什么信赖你？写下你值得他们信赖的特征，你就能更好地了解如何表现出值得信赖，如何赢得信赖。

信赖开始于真实。信赖结束于真实。而在两者之间，你所说的话和你所采取的行动决定了你所打造的可信赖程度。

重要提示：语言和行动并不是获得信赖仅有的两项要素。在你的个性之中有不少微妙细节既能够建立信赖，也能够摧毁信赖。这些细节就是特征。

举个例子，你说话的方式可以为你的信赖能力加分或者减分。你行动的一致性，而不只是行动本身，可以对建立信赖大有帮助。

你的可靠，你的守时，你的热忱，你的幽默，你的正直，你的诚恳，你的社会交往，你的着装方式，你的声誉，都在与他人建立信赖中起到重要作用。

我发现，一段较长时间内一致、积极、有益的行动和曝光，帮助我和我的员工、我的客户、我的社区建立起了重要的信赖关系。

我还发现，始终如一地写作和发表我的想法，不但能帮助我吸引潜在客户，同时还让我的忠实客户参与其中，随时响应。

你也可以做到。

理解要点：如果你与我在一起，我也喜欢你，那么很可能我也信赖你。而要从喜欢变成信赖，我还必须相信你，必须对你有信心。

我必须感知到你与他人的不同，我必须感知到你和你的产品或服务在你的价格之外的价值。

销售的关键是信赖，而信赖的关键是“喜欢”。就是这样。

信赖促成销售。

吉氏免费小贴士：

如果你想阅读《信赖小青书》中的21.5条信赖要素，请访问www.gitomer.com，并在GitBit框内输入单词“elements of trust”（信赖要素）。

从黑暗面学习信赖

人人都想要百分百的信赖。现实是很少有人能做到。大多数时候，缺乏信赖的现象并不是因为完全无法获得信赖，而往往是已经有了一定程度的信赖，但你的（他们的）语言、动作或行为让信赖白白流失了。

没有信赖，绝对做不成销售。

当你能找出自己可信赖或者不可信赖之处，并且承认自己的缺点时，你就能重新赢得信赖。

自我发现能帮助你重新找回信赖。

自我发现能让人重获新生。

请问问自己……

- 哪些人失去了对我的信赖？列一份清单。
- 你为什么失去了他们的信赖？写下理由。
- 你失去了对哪些人的信赖？列一份清单。
- 他们为什么失去了你的信赖？写下理由。

以下是一些有关“失去信赖”的有用提示：

- 你说谎了吗？
- 你经常迟到吗？
- 你靠不住吗？
- 你有没有没兑现或者没做到的承诺？
- 你是不是表现得很差？

要想重新攀上信赖的阶梯，不仅需要学习，还需要行动。但请始终牢记，信赖不是求来的。信赖是赢来的。

下面是建立信赖你能做的4.5件事——请记住，获得信赖要慢慢来，获得信赖需要很长的时间：

1. 请找来拿破仑·希尔的传奇著作《互惠法则》（*Law of Reciprocity*）读一读。其中有言：“有给予才有收获。”

2. 请勇于信赖他人——尤其是第一次。

3. 当你信赖他人时请保持谦卑。

4. 当你赢得信赖时请心怀感恩。

4.5. 请记住，通往持续信赖的路径是采取真实、一致、值得信赖的行动。

如果违反法则：失去信赖不是什么好事——不管是谁的信赖。失去信赖最有意思的地方在于，失去它的速度很快。特别是与建立信赖所需的长时间相比。

违反这条法则的后果很难讨论、很难描述，也很难预测。但在大多数情况下，成本包括金钱和个人两方面。

如果你失去了客户的信赖，你终将失去这位客户。很有可能，你的声誉也已经受到牵连。

说到朋友和配偶，情况也没什么两样。许多行动都会导致失去信赖，但最主要的两种行为是：说话不诚实，做事不道德。这两项要素应该不容侵犯，但事实上，人们却常常肆意侵犯。

如果遵从法则：如果你已经赢得信任，那是因为你一段时间内的一致行动不仅降低了风险，还赢得了他人对你的高度信任。信任代表着他们不但做出正确的事情，还做出最好的事情。

赢得客户信赖，意味着你不仅拥有了一个忠实的客户，还拥有了一个能替你引荐的客户。还有什么能比这更好呢？答案：两个信赖你的客户。你一定明白我的意思了。

赢得信赖的价值很少有人能完全理解。比如说，你可以扳倒竞争对手，你可以维持你自己的价格而不是相对较低的价格，你可以轻松获得引荐，你可以拥有忠实客户，你值得信赖的声誉也可以一飞冲天。

以上五大要素——没有竞争、没有降价、忠诚度、引荐、赢得声誉——很容易就能让你的销售翻番，同时肯定也能让你的利润翻番。遵从这条法则绝不仅仅是一种选择。这是一种生活方式。

注意：许多销售员都认为自己值得信赖。可能你也这么认为。不过我敢打赌，你并不那么值得信赖，至少不像你自己以为的那样值得信赖。回过头去看看建立信赖你能做的 4.5 件事，然后逐条给自己打出 1~10 分的分数。如果每一项评分都在 8~10 分之间，那么说明你确实值得信赖。只要有一项低于 8 分，你就是在自欺欺人。

赢得信赖。你不能求得信赖。
你不能抢得信赖。你只能赢得依赖。
你怎样赢得信赖呢？

啊哈！信赖带来客户忠诚。

啊哈！信赖的建立和赢得，进展缓慢，需要时间。冰冻三尺，非一日之寒。信赖的建立和赢得需要日复一日的累积。

啊哈！要想获得信赖，最好的办法就是信赖他人。

啊哈！信赖具有超越金钱的价值。

实现关键：慢慢开始。慢慢进行。请将信赖你的人列出一份清单。再将你信赖的人列出一份清单。有重复出现的人吗？你为什么信赖他们？他们为什么信赖你？请记下这些要素、原因和属性，这样你马上就会想出计划，来建立对他人的信赖——还能让他们反过来信赖你。

客户对你的感知就是你的现实状况。

——杰弗里·吉特默

法则 15
利用客户声音

挑　战

一个客户所说的话，比一千个销售员的话还要有分量。这当然是有原因的。比起销售员，人们往往更愿意相信其他人。我的意思是，拜托，你是会相信巧舌如簧的汽车销售员，还是会相信刚买了你看中那款车的隔壁邻居？而且不光汽车是这样，所有东西都是这样。但愿你的生意也是这样。但愿你能在所有地方都利用和设置有关客户声音的视频，特别是在你的销售演示和你的社交媒体宣传中。客户的声音不仅能打响声誉，还能提供确凿无疑的证据。客户的声音不仅能帮助做成销售，还能让生意按照你的价格来达成。那么你拥有多少助你销售的声音呢？

Unbreakable Law 15

Utilize Voice of Customers

法则15　利用客户声音

哦，是吗？请证明！
一切都需要证明。

如果法庭上发生这样一幕，简直难以想象。罪犯接受指控，检察官对法官说：“尊敬的法官大人，这名男子被控抢劫银行，但我们无法证明。”

检察官接下来会听到的一定是这两个字：“休庭。”

没有证据，没有判例，没有审判。

但如果辩方声称：“我们有证人可以证实被告清白。”那么故事就会完全不一样，结局也会完全不一样。

销售也是如出一辙。当然不是指抢劫银行的部分，而是说证明那一部分。

如果无法向潜在客户证明你的罪名不成立，
很可能就没机会做成销售。只要有证据，就会有机会。

现实：如果你失去某一笔生意，可能是因为你“犯有无法证明之罪”。

所以要想赢得销售：

- 你必须利用客户的（视频）声音来支持你的说法。
- 你必须使用客户的声音来证实产品效用。
- 你必须使用客户的声音来打消潜在客户的疑虑。

还有……：

- 你必须明白，客户的声音比你的声音更有分量。

在销售中，正如在一切法庭上，你负有“举证责任”。这可以确保你的可信度，可以向客户担保你所说的话是真实的。它把你的演示和销售远远甩在后头，直奔购买、成效和预期结果。

客户声音——通常被称为客户证明——是你所具备的最强大的销售工具。如果做成视频格式，作用会更强大。

下面这几件主要的事情是客户证明能做到，仅凭你一己之力做不到的：

- 客户证明既提供证据，也让人安心。
- 客户证明有理有据。
- 客户证明可以提供相似而有情境证明的例子。
- 客户证明可以以一种你做不到的方式推翻反对意见。
- 客户证明可以提供机会让潜在客户改变他的视角，甚至可能改变他的看法。

客户证明必须具体。客户证明必须在告之“什么”（你告诉我的事）之后告知“为什么”（别人已经发生过的事）。

客户证明可以提供有关以下方面的具体信息和购买动机：

- 产品、公司、销售员和服务的品质。
- 售后性能——实际效用。
- 你所处环境中的生产效率。
- 简便易用。
- 服务响应时间。
- 价格之外的价值。
- 产品寿命。
- 客户忠诚度。
- 客户可供参考的其他个人体验。

你认为哪种比较有效：是用口舌去打价格战，还是用客户证明视频来介绍价格之外的价值？是用口舌去推翻客户反对意见，还是用客户证明视频来让你的客户自动放弃反对意见？

客户证明除了两点主要的好处以外，还有额外的益处：

1. 客户证明可以积极向客户证明，你与你自己说的一样好，你的产品或服务会达到你所宣传的效用。

2. 客户证明可以建立和深化销售员的信念。

2.5. 客户证明是社交媒体的力量，这种力量以一种全世界都能看见的方式证实你的可靠性。

下面给出了几条思路，帮助你更好地理解该怎么做，以及客户证明如何帮助你做成销售：

思路：请在建议书的声明中强制使用客户证明视频。这可能会帮助你清除竞争对手。如果你提供的材料能够证明客户从竞争对手转投向你，那么效果就更加明显。

思路：你做销售演示时，请在每一页幻灯片的陈述或声明之后加入几段简短的客户证明视频（时长 15~30 秒）。

思路：请将你的QR码（快速反应码）链接到客户证明，而不是你的无聊网站。

理解要点：当你在做演示时，想的应该是拿什么来证明你的观点，而不是做一些粗浅的论证。当你结束演示，进行销售拜访或者后续跟进时，你永远都不会孤单。你可以让客户声音与你同在。如果你能借助客户证明的力量来排除最低价格，证明你的全部主张，打败竞争对手，获得信赖，你就能立刻借此机会拥有时间更短、利润更高的销售周期。

自己说自己的好，这是自卖自夸。
别人说起你的好，这是客户证明。

如果违反法则：要想判定你有没有违反这条法则，最简单的办法就是研究一下你的销售演示。演示文稿里面满是客户证明，还是从来没有客户证明？

如果你的答案是没有，那么你不仅违反了这条法则，而且你还要递交建议书，打价格战，甚至会输给比自己还差的竞争对手。毋庸置疑的现实是，“零客户证明”的销售演示使用的是从前的销售策略和价格理由。你要是这样做销售，就会拼得很辛苦，绝对没有办法轻松获利。

而如果你还在试图“找到痛苦”，那么我刚刚就已经给了你一剂良方。这些客户证明，这些零碎的客户声音，都应该出现在你的网站、你的博客、你的YouTube频道，还有其他适用的社交媒体。顺便说一下，缺乏客户证明也意味着缺乏稳固的客户关系，缺乏声誉。

如果遵从法则：当你使用客户声音，特别是使用客户证明这种形式时，你所面对的潜在客户的购买准备就会更充分，他们就会更有信心继续迈出下一步，他们就不会觉得自己孤单一人，他们就会愿意接受你的价格条款，他们就会更快做出决定。原因是什么？你提供了无懈可击的证明。第三方的证明。替你说话的人除了购买过你的产品或服务之外，与你没有太大的关系。他们能够佐证你的主张。

如果你拥有足够多的客户证明，那么你就一句话都不必说了。只要递给客户一套DVD（数字化视频光盘）、一份合同，外加一支笔。

注意：客户证明不能轻描淡写，一带而过。客户证明必须说出具体的问题，具体的价值。

举个例子：“一开始，我感觉他们的价格太高了，但买下以后我才发现，他们的价值实在太惊人了。”

请尽量让每一则客户证明涉及销售中遇到的某项具体的反对意见，并在结尾处呼吁客户采取行动，视频里的客户鼓动观看视频的客户马上购买。

在商业和销售环境中，
没有什么声音能比客户的声音更有分量。

啊哈！一份客户证明相当于一百次推销叫卖，甚至还要更多。

啊哈！获得无尽客户证明的秘诀很简单。赢回来。

实现关键：客户声音出自客户之口，他们出于这样或那样的原因，从你处购买，接受了你的价格，喜爱购买的结果，还乐意向人介绍。

他们的客户证明来自他们的满意之情，来自他们使用你的产品或服务超出了期待，来自他们与你的关系。

当你（用智能手机）拍摄视频时，要确保这段客户证明里记载了其他客户可能再次遇到的某些反对理由。

还要确保每段客户证明视频、每段客户声音短片都包含这样一些台词，讲述他们为什么购买，他们为什么喜爱，他们怎样从中获利，他们有多么喜欢你，他们为什么向其他人推荐产品或服务（还有你）。

客户证明和第三方认可
能够打破缺乏信赖的藩篱。

——杰弗里·吉特默

法则 16
弄清“为什么”

挑 战

这是所有法则中最复杂的一条，因为它涵盖了太多方面、太多领域，还需要有深度的回答。为什么你要从事现在的职业？为什么你愿意冒险？或者为什么不愿冒险？你的收入为什么只有这么多？为什么没有更多？为什么你的客户会购买？为什么你的客户选择了你的竞争对手？为什么人们会无礼拒绝？很多时候，这些问题的回答需要跟进一次以上的“为什么”问题。而现在，恐怕你多半还没有弄清“为什么”吧。

Unbreakable

Law

16

Discover the Why?

法则16 弄清“为什么”

“我要考虑一下。”“我要好好考虑考虑。”
屁话！

你认真筹备了一场长达一小时的精彩的销售演示。你搞定了。潜在客户看起来差不多同意了，甚至有那么几个时刻他们还很兴奋。

所有的逻辑和情感都告诉他／她应该购买，但等到推销结束时，你听到的却是：“嗯，听起来还不错。但我要再好好考虑几天。”

什么狗屁！

现在怎么办？该说什么呢？采用老得掉渣的销售技巧？点头说好，然后滚蛋？告诉对方以后电话联系或者改天再上门拜访？

与此同时，你很不爽，很不平衡，很可能会做出不明智的选择。再加上你内心还在责怪客户犹豫不决。请冷静一下。

针对这道由来已久的销售障碍，我打算与你分享这样 2.5 条决定性的答案：

1. 为什么会发生。

2. 要解决这个问题，该做什么。

2.5. 要解决这个问题，千万不要做什么。

潜在客户为什么会说“我要考虑一下”？大多数销售员永远不会明白，也从来没有学过为什么会发生考虑一下的情况。

它是以下原因中的一项或多项所造成的直接结果：

- 他们保留有没说出口的恐惧或原因。
- 他们感知到某种风险。
- 他们不想直接说“不”。
- 他们不是真正的决策人。
- 他们没有找到购买的真实动机。
- 他们不喜欢你。
- 他们不相信你。
- 他们对你没有信心。
- 他们不信赖你。
- 他们认为你的产品价格太高。
- 你卖的东西他们买不起。

这些“为什么”的原因就是真正的障碍。“我要考虑一下”只不过是挡箭牌，是幌子，而不是真的反对理由或者障碍。

好消息：这些因素很多都是可以发现的，早在你还没结束演示之前就可以发现。

不过，要弄清造成“考虑一下”的真正原因，一切都要靠你。就是你！

在我30多年来的销售培训经历中，我从来没有听过哪位销售员会说：“这个家伙说他要考虑一下，这全是我的错！”

关键不在于怎样应对。
关键在于怎样预防。

在你责怪客户无法做出决定之前，不妨问问自己：

- 我有没有提供某种有利于客户的价值主张？
- 我有没有提足够多的问题，以便触发客户的购买动机和紧迫性？
- 我有没有开展融洽而友好的对话？
- 我有没有塑造出自己和竞争对手之间可感知的差异？
- 我有没有挖掘潜在客户的经历和过往使用体验？
- 我有没有弄清潜在客户的预期结果？

在你听到潜在客户说出“我要考虑一下”这句话之前，你一定可以阻止它。请从仔细研究上述理由开始。这些理由是找出根本原因的重要线索。

友情提示：你必须借助互联网、社交媒体还有你的责任心来建立有形的声誉，你必须尽自己所能找到销售拜访所需要的一切信息，你还必须站在客户的立场来做好准备工作。而且你的声誉必须领先于你。

若能站在客户立场建立声誉和做准备——并向他们展示为何购买你的产品

或服务便能成功——将能减少甚至消除疑虑。这些都是需要“好好考虑”的重要原因。

法则：千万不要使用从前的技术，切勿强迫销售，切勿急于做成销售。否则的话，你不但会失去生意，你还会失去尊重。相反，你应该设法揭开客户迟迟下不了决定的情感原因或真正原因。

现实：他们是想考虑一下价格，还是纯粹想摆脱你？

现实：“我要好好考虑”往往是“你的价格太高了”或者“我想试着再找一些更好的生意”的危险信号。

现实：不要尝试什么销售策略，而要设法探明“为什么”，这样才能防止下一次被拒绝。

弹性：如果潜在客户说“我要好好考虑”，不妨问问他们需要考虑多长时间，与对方商定改日登门拜访，并写下书面约定。

如果你能让买家意识到你与其他人的产品或服务存在可感知的差异，如果你能让买家意识到你与其他人提供的产品或服务的可感知价值存在差异——那么你就机会在握了。

如果你的潜在客户喜欢你，相信你，对你有信心，信赖你——那么你就离做成销售不远了。

好好考虑考虑。

决策、决策。你有多善于决策？

决策——不论是你、你的同事、你的老板、你的家庭成员还是你的客户所做的决策——推动着你的成功、你的生活方式、你的态度。

当你在盘算做什么事，或者怎么做决定时，有一种思想会影响到最终选择和由此产生的结果。

不管你是在买东西、在开展项目工作、在养育子女，还是在做销售，总有些决策你不得不做，还能左右最终的结果。你要做的事就是做出最好的决策、正确的决策。

大多数人会认为，做决策的依据是经济学，是价格。但大多数人都想错了。做决策的依据由许许多多的因素组成，价格只是其中之一而已。感知价值就是比价格更重要的一项要素。

你做的决定多半依据当前的情绪和感知，再结合以往的经验——除非你从事的是政治活动或者公司政治。

那些（政治）决策的依据是眼下最流行什么，什么最可能获得认同，什么最安全（没有人会因为买下IBM而被解雇），或者什么在政治上最得心应手——决策依据几乎从来都不是什么对整个国家或整个公司最好。

如果你愿意深入思考自己做决策的过程，那么这也可以帮助你了解别人是怎样做决策的。对于你这样的职业来说，收入全部取决于其他人所做的决策，这一点更是重中之重。

不管即将做出的决策是什么——肯定、否定、拖延、行动、购买、不买、约见、拒绝——下面的问题都能帮助你从意识和潜意识层面理解你的决策过程，还能帮助你理解他人的决策过程。

以下是你在做选择时头脑中闪现的一些念头：

- 情境是什么？
- 原因是什么？
- 动机是什么？
- 风险是什么？
- 我在害怕什么？
- 回报是什么？
- 真正的问题是什么？
- 真正的障碍是什么？
- 价格是多少？
- 感知价值是多少？

- 可衡量价值是多少?
- 社会价值是多少?
- 目标是什么?
- 我的预期结果是什么?
- 我希望的是什么?
- 可能的结果是什么?
- 如果没达成又如何?
- 谁会受损?
- 谁会受益?
- 影响因素有哪些?
- 我过往的经验是什么?
- 我应该咨询谁?
- 我现在必须决定吗?
- 这是暂时的还是永久的?
- 我信赖第三者吗?
- 截止期限或紧迫性如何?
- 我的直觉告诉我什么?

请记住，但凡做决策都会涉及某种风险。一旦涉及风险，就会让人恐惧。风险越大，对这一过程的衡量、思虑和协商就会越多。决策往往是一种主观判断，而恐惧常常会干扰正确判断。

重要提示：购买的决策是靠情感做出的，然后用逻辑来说服自己。你先做出决策，然后为它找理由——但有时候会找不到。

“没头没脑”这个词一直困扰着我做决策的过程。当有人对我说“这事儿没头没脑”，我会很慌。他们说这话的意思是：“不要考虑了，直接去做吧。”这样不好。所有决策都应该“有头有脑”。

当你做决策时，从“决策”的积极方面来问问自己：

- 我做的决策是最适合我（或者我的公司）的吗？
- 我走的是阳光大道吗？
- 我选的是最优价值吗？
- 我自己能说服自己吗？

从“决策”的消极方面来问问自己：

- 我是不是在为做这件事找借口，即使我自己也在怀疑它的正确性？
- 我是不是在弄清事实之前就开始找理由？
- 我是不是在事实证明是错误之后还在找理由？
- 我在不断拖延吗？
- 我是不是在说“这只是两害相权取其轻”？
- 我是不是为了减轻责任，便急着在弄清事实之前就促成生意？

关键提示：害怕失去，往往比渴望拥有更加强烈。害怕犯下错误，往往比冒险行正确之事更加强大。

正如你企图让别人对你和你的产品或服务做出决策一样，请务必牢牢记住，你自己是怎样做决策的。

你对自己了解得越透彻，

就越容易从别人那里“获得有利的决策”。

——杰弗里 · 吉特默

如何挖出真正的“为什么”呢？

当你还是个孩子的时候，你大概没什么机会知道真正的“为什么”，即使你开口问。

如果父母要求你做某件事，或者带有几分命令的口气，你马上就会抱怨说：“为什么？”很不幸，他们的回答往往是“因为我叫你这么做”或者“因为我是你妈”。

这段人生经历告诉你，要想挖出真正的“为什么”，远比仅仅开口询问要难得多。

一晃20年过去了，如今你的名片都已经批量印制。要想在销售生涯中有所作为，“为什么”这个词成为通往成功之路更加重要的金钥匙。

当你向客户提问，想确定他们有没有意愿购买时，不管他们的回答是肯定还是否定，你都必须要理解“为什么”，他们为什么愿意更进一步，或者为什么不愿意更进一步。

挖出“为什么”、理解“为什么”，目的有两个方面：

1. 为了弄清你和客户究竟进展到何种地步，为什么你们进展到这一步。

2. 这样的话，在接下来的销售拜访中，你对“为什么”有更深刻的理解，便能形成更好的沟通、更好的关系，终将换来更好的结果。

当心留意：弄清“为什么”或者“为什么不”需要勇气，需要真实的关系。

如果你不愿意弄清某位客户为什么购买或者为什么不买，那么首要的原因一定是，你们之间的关系不够牢固，你害怕这种介入一旦发展得更个人化、更深入，你就会失去这段关系。

这种想法简直是谬以千里。

身为销售员，你首要的责任是不断深入了解每一位客户，这样你才能建成知识的宝库。

要想避免直接用到“为什么”这三个字，同时还能挖出“为什么”，下面有一种策略你不妨一试。请向客户提这样一个问题，开头是：“请问你选择的理由是……”、“你做决定的理由是……”、“你以往的经验是……”，或者“你能不能举出某件事例来解释清楚你的想法？”

回答这种类型的问题，需要客户用到他们的智慧、知识和经验。

他们的反馈不仅能回答你“为什么”的问题，还能向你提供他们的想法和额外的见解，以及他们对你、你的产品、你的公司和你们的关系的看法。

“为什么”这个词会让人感觉到指责的意味，
因此最好设计一下你的措辞和你的问题，
好让你不必提到“为什么”，也能弄清“为什么”。

你必须弄清客户的“为什么”，你必须倾尽你所拥有的战术技能，尤其是你的提问技巧，努力挖出“为什么”。

如果违反法则：如果你没有弄清“为什么”，你就会很吃力地去推销，就算所有客户都有了购买的念头，你却始终没办法让他们如意。“为什么”是实现购买的主导驱动力。而且……如果你不知道自己的“为什么”，你的信念体系就很难真正强大，很难真正做成销售。怀疑让人犹豫退缩——不敢开价，也不敢提问，无法树立做成事情的自信心。要想弄清“为什么”，起初少不了思考和自我坦诚，随后则需要出色的提问和推理能力。违反这条法则，你会付出沉重的代价：自己受损，销售受损，同时还绝对少不了怨天尤人的成分。

如果遵从法则：弄清你自己的“为什么”和客户的“为什么”，这将在学习上带来重大的突破。这里的关键词是了解。这也将给职业生涯带来突破，将会结出不计其数的销售和真实关系的硕果。当客户感觉并认识到你了解他们时，他们就会激起内心的情感，订单就会像雪片一般飞来，落到你的办公桌上——从互联网的另一头飞进你的电脑里！

注意：你自己的“为什么”往往恒定不变。你客户的“为什么”（他们的购买动机）则是千变万化。一千个客户有一千个“为什么”，必须逐一弄清楚，并且采取富有同理心的行动。

啊哈！了解你自己的“为什么”、你自己的动机，将会帮助你弄清别人的

“为什么”。

啊哈！如果不能了解客户的购买动机、客户的“为什么”，你就永远只能打价格战了。

啊哈！弄清客户为什么购买，要比弄清如何做销售有用一亿倍。

除非你弄清客户为什么要买东西，否则不管你怎样努力卖东西，都没有任何意义。

啊哈！一旦你了解“为什么”，你就能马上发现购买动机，同时缩短销售周期。一旦了解和弄清潜在客户的“为什么”，你很快就能激起买家的购买欲。

实现关键：在你开始了解和弄清客户的“为什么”动机之前，你最好了解和弄清自己的“为什么”。弄清自己的“为什么”，不仅会教你怎样完成这个过程，还能告诉你情感如何附着在这一过程中。了解如何获得情感化的“为什么”，将会让你从另外95%的人中脱颖而出，获得连你自己都不敢相信的销售能力。

找出销售演示中“什么”
背后的“为什么”，
将会极大地帮助你建立关系、
了解客户、达成更多销售。

——杰弗里 · 吉特默

法则 17
厘清个人意图

挑　战

成百上千乃至成千上万的读物都在介绍目标制定和目标实现的内容。几乎没有哪一本书在探讨意图。意图是目标实现的基石；意图是助推目标实现的力量。意图能萌发决心，能激起愿望——实现目标的决心，实现目标的愿望。你的意图是什么？当你拿到自己的销售计划和销售配额时，你有意图去实现吗？还是说你看到以后，立马就打起退堂鼓了呢？

Unbreakable

Law 17

Intend to Achieve

法则17　厘清个人意图

成功与满足。哪个比较适合你？

人们在树立目标时，在做出人生选择、职业选择和商业选择——甚至关系选择——时，很大程度上都取决于他们在自身欲望面前的风险承受能力。随着生活继续，人们的这些决策会变得温和而妥协，取决于人们家庭和债务的现有状况。当然，有时候次序会有所不同。

小时候，你有目标、有梦想，总是想着把语言变成现实：“等我长大后，我要当一个________。”等你真正长大了、成熟了，可能就会受到生活经验的影响，改变了自己的想法。

以下是关于实现的几项要素：

- 你有一股驱动力。
- 你有一个愿望。

- 你有一个目标。
- 你有一个梦想。
- 你的梦想可能不同于你的目标。

你的目标可能是达成自己的销售配额，或者成为本公司首屈一指的销售员。但你的梦想可能是到海边生活，或者开创属于自己的事业。

问题在于：你对自己正在努力争取的事情怀有热忱吗？这与你梦寐以求的事情相比，会是同等的热忱吗？

热忱给人激情。
激情让人实现。

如果你不喜欢自己所做的事，那么很可能你也实现不了你的目标，更别说你的梦想了。你为什么要把那么多的精力投入到你不喜欢的事情上呢？答案是：很可能你原本不会这么投入。热忱能够孕育意图，而意图则是实现的第一步。

你为什么想成功？你成功的意图是什么？

- 为了金钱？
- 为了安全感？
- 为了身份地位？
- 为了向人炫耀？
- 为了短期满足？
- 为了填满用快乐换来的成功之欲？

或者说，你的意图比较难能可贵、比较自我愉悦？

- 你是不是努力成为自己行业中最棒的人？
- 你有没有对自己的行业充满真正的热忱？

你一定常常听到别人说“有动力”。我还是比较愿意听到“他有激情”或者“她热爱自己的事业”。

多年来，我一直在给我的观众们机会，邀请他们评价一下我的销售讲习班。我会问他们最喜欢的内容是什么；我会问他们打算明天就去做的事是什么；我会请他们知无不言，直抒己见。

你可以想象得到，我从成千上万的人那里获得了五花八门的意见，但其中我最珍爱的看法都殊途同归：“杰弗里很爱他做的事，而且表现得很明显。”这实在是至高无上的赞誉了。

那么你爱做的事是什么？我问的不是你爱的人。

对很多人来说，爱的人会随时间的流逝而变化。

对那些有孩子的人（包括我）来说，孩子就是他们爱的人——永远无条件爱着的人。而且很有可能，你也爱你自己。

你爱的事就不一样了。你爱的事带领你走向成功和满足。

说到你爱的事，只要做了你就会懂。想想那些让你满怀激情的事吧。打球、滑雪、旅游、缝纫、阅读、打高尔夫、赛车。你一定很爱吧？再想想你爱看的球队，你为之加油助威的球队。你看这些球队打比赛已经（或者将要）花费了多少钱？

人们问“你爱做什么”，其实真正在问的是：

- 你爱你的谋生行当吗？
- 你爱你的职业吗？
- 你爱你的工作吗？

激情需要挖掘出来，然后释放出来。“你爱做什么”这个问题是很容易看出来的。你一定常常听到这样的话：“他找到了他的激情”、“他找到了自己真正的使命”以及“她真是天生如此”。

当你爱上自己所做的事，这不仅不言而喻，而且还有目共睹。你的热情可以感染他人。我曾遇见一个很棒的销售员，她对我说起自己对销售的热爱，对工作的热爱。她告诉我：“我做任何事都充满力量。”至于我？我的说法稍微有点差别：“我尽己所能，努力去做我热爱的事。”你会怎么说？你感觉怎么样？

重要线索：通往满足之路，每天从浴室开始。不管你有没有意识到，每天你都能做一做“浴室镜测试”。你要做的就是自问自答这样4.5个关键问题——每天。

1. 我是不是从心底感到快乐？
2. 我是不是在做自己热爱的事？
3. 我是不是在尽力做我热爱的事？
4. 我是不是在尽力做我自己？
4.5. 我是不是在笑？

这不是一堂销售课，这更是一堂人生课。销售只不过是人生的一部分。如果你热爱你所做的事，你的激情会引领你走向成功，你的成功会引领你走向满足。

助你行动的重要观点：驱使你行动起来的不是目标，不是待办事项清单，不是当天的紧急事务，而是你的意图——不管是日常的意图，还是长期的意图。意图先于行动，意图是想法得以实现的精神驱动力。一言以蔽之：你只会做你有意图做的事。当你在排定事项优先级、筹划“必做”清单的时候，务必弄清并确认你的意愿和你的意图，否则你很容易会为失败找借口。

如果违反法则：如果没有意图，目标一定不会实现。目标没能实现的主要原因往往很简单：你根本没有意图要实现这些目标。违反这条意图法则，后果会很严重。其中有一项不算最严重的后果是，它多半会蔓延到你生活的其他所有领域，你也会变得志得意满。这事儿我做也可以，不做也可以。这样不好。事实上，这样很危险。

缺乏意图往往是自我满足的先兆。事情并不是你必须要做，而是你有意图要做。一旦你了解意图，一旦你懂得意图的力量，你就可以立即看见新的可能。不但有可能达成某个特定目标，还能真正懂得达成任何目标所需要的条件。

如果遵从法则：我相信你现在已经看清意图的重要性，以及意图在你的成就和人生中扮演什么样的角色。一旦你决定仔细斟酌你有意图要做的事，那么计划就会变得更容易，行动就会变得更容易，成功也会变得水到渠成。只要有意图，成功变坦途。

注意：意图是一种非常微妙的想法，对你来说也可能是全新的想法。要想更好地理解意图，不妨把它看成决心，或者驱动力，或者焦点，或者只是制订成功计划。但是除非你能真正界定你头脑中的意图和书面上的意图，意图恐怕不会成为一种习惯。习惯于意图，便能营造出氛围，获得成就——你的成就。

啊哈！当我第一次发现意图的力量，我立刻把它应用到两个具体的项目中去，此前这两者都因为这样那样的原因半途而废了。如今两者都已经完工。其中之一是一本电子书，另外一个则是一次客户跟进随访。两者都变成了金钱。不妨把意图想成金钱。

啊哈！请把头脑中的“将要”改成“想要”。我将要减掉 10 磅。我想要减掉 10 磅。你觉得哪一句更强大？意图能让梦想成真。

实现关键：要想理解意图，不妨从下面这个办法开始：找一个你没有实现的决心或者目标。动笔写下为什么没有做出成绩。不要找借口，写下真正的为什么。现在另起一段，写下你有意图去做，而且可能帮助你把目标或决心变为现实的事情。

你可能自己有了目标，
或者别人给了你目标，
但是你的意图将会决定努力
（或不努力）的结果。

——杰弗里·吉特默

法则 18
力图与众不同

挑　战

如果客户感知不到你的不同，那你就没什么不同，不管你再费多少口舌。这里说的可能是你的响应速度，可能是你提供的服务，可能是当日发货，也可能都不是。可能像由活人接听来电那么简单。想知道你真正的差异在哪里吗？去了解一下客户感知，看看在他们心目中你为什么与众不同。客户感知是唯一有用的东西。

Unbreakable Law 18

Be Perceived as Different

法则18　力图与众不同

如果你与众不同，客户就会购买。
你有多与众不同？

“请告诉我，我为什么要买你的东西。”

纽约市一家著名香水制造商的副总裁就曾把这个难题丢在我面前（在我职业生涯的早期），他打算做一场大型促销，想问的是为什么他应该买我的T恤，而不是从我的竞争对手推荐的堆成办公桌那么高的样品成衣里头挑一件出来。

我微微一笑，打开公文包，掏出一块面料扔给他看，色调明暗与他们的产品颜色分毫不差。

我开口说道：“你身后那一堆衬衫都是他们生产出来的样品。我这些亲爱的竞争对手，卖给你的都是他们的衬衫，贴上你的标签，仅此而已。而我们做的是你想要的衣服。我们会先挑选最棒的双螺纹针织物，染成你想要的颜色，为你量身定制，再印上精确的技术参数。”

“你怎么知道‘中号’尺寸是多大？上衣应该多宽？”我一边说着，一边给他看几件缝制完好的成衣，各种尺寸都有，这样他就能看清上衣宽度和设计风格的不同——不同的针脚、不同的颈部剪裁、不同的袖筒剪裁。当我继续往下说时，他开始身体前倾，全神贯注起来。

“价格是多少？”他冷不防地提问。

“一打 42.55 美元。”我顺口答道。

“一打 42.55 美元？！”他大叫起来。“你的竞争对手只卖 36 美元不到。”

“哦，你要是想买那种蹩脚的衬衫——那种衬衫我们可以一打只卖 32.5 美元，”我笑着打趣道。“但如果你想找好东西，找到你的客户穿起来会和使用贵公司香水同样骄傲的东西，我还是建议你花钱买产品质量，而不是价格。”

沉默。

“你们能替客户定制吗？”他又问。

“只要订购 5 000 打，我们就能帮你贴上自己的标签。”我一丁点儿犹豫的时间都没留。

“要是订购 8 000 打的话，怎么样？”他带着几分试探。

“我们可以给每套衣服加上单独的塑料袋，不用另外付钱。”我一边回答，一边带着灿烂的笑容。

“你想什么时候交货？”我结束了试探。

“12 个星期内。”他笑了起来。

“我们什么时候能签订单？”我鼓足百分百的勇气，声音里饱含坚定。

“现在怎么样？”他神情严肃。

“那就现在吧。”我回答道，内心每一个细胞都在欢呼雀跃，但外表看起来还是泰然自若。

接着，我坐在那儿，看着他给我开出了采购订单，然后从办公桌上滑到我面前。胜利，宝贝。胜利。（没错，我承认我确实在心里算了一笔账：42.5 美元乘上 8 000，再乘上我的佣金比例。）

经验总结：我是怎么做成这笔销售的？

我做成这笔销售，是因为我与众不同，
因为我有创意，因为我愿意冒一两次险，
因为我在客户感知中比竞争对手更有价值。

“我为什么要买你的东西？”每个潜在客户都在口头上或者内心里问这个问题。如果世上有一个问题你必须永远做好回答的准备，那就是这个问题。

下面是我做成销售的 7.5 条要素，我希望你能想想，当你的潜在客户抛出这个问题时，你究竟用上了几条要素。

1. 我知道我与其他人狭路相逢时，卖的产品相差无几，所以我采用了不同的方式，是我的想法让我成功。我一个人赢了。他们都没赢。你在进门拜访前应该有自己的想法。

2. 我为他的所有反驳意见都提前准备好了答案。我知道所有的反驳意见。你也知道。提前准备好这些答案，不然你会输给准备好了的人。

3. 我准备了惊喜（一块面料，而不是一件衬衫）。人们都喜欢惊喜。

4. 我开价较高，而且有购买理由来支撑。我的理由不只是质量更优，而且相当个性化。

5. 我时时刻刻都对自己的答案非常确信。我在进门之前就非常了解我的产品，了解做交易决策需要的各种参数。

6. 我把成功结果变成视觉效果。人们购买时往往要考虑结果。你的任务不仅是要了解你的产品和你的能力。你的任务还包括让潜在客户看见购买以后万事大吉的结果。

7. 我能在购买信号有所显现的时候准确抓住它。在他不再质疑价格以后，他提问的意图是购买，而不再是了解。这两种意图可有天壤之别。

7.5. 我一开始就假定能做成销售，我在该结束销售的时候圆满结束。你可能会问："什么时候才是恰当的时机？"孩子，我真的希望能给你一个俗套的回答。这就是为什么这项在本列清单里只占了0.5。你需要相信自己的直觉。秘诀是在准备阶段。你准备得越充分，那么当你登门拜访时，你就越能"感觉"到恰当的时机，卢克。

愿"销售"与你同在。

不在价值中不同，就在价格中死亡。

——杰弗里·吉特默

我们与众不同。
我发誓，我们与众不同。

请准备一支笔、一页纸。

请列出满足如下要求的所有事项：你的公司、你的产品或服务所宣称的，而你的竞争对手没有宣称他们也能做到或具有的。来吧，列一张清单。一丁点儿都写不出来？

那么，请写出满足如下要求的一件事：你宣称你有的，而你的竞争对手没有宣称他们也有的。非凡的品质？他们也这么说。卓越的服务？他们也这么说。出色的物流？他们也这么说。优秀的员工？他们也这么说。你虽然说的是西红柿，我说的是番茄，但在潜在客户的感知中，两者没什么差别。

这里有一些让人犯难的问题：

- 你提供的产品有什么与众不同之处？

- 你宣传资料里介绍的内容有什么与众不同之处?
- 你的创意方法或创意观点有什么与众不同之处?
- 你所做的寻常事有什么与众不同之处?

如果客户感知不到差异，那么你的回答就只能是（一切只剩）“价格”。而价格往往是错误的回答。

如果你卖东西时把价格降到最低，这样是换不来客户忠诚的。那只是一场交易，不是一次销售。

而其他销售员只要把价格再压低一美分，你的佣金就全泡汤了。价格最低也意味着利润最低。

重要线索：如果你眼下很难建立商业人脉，这就意味着你很难脱颖而出，很难赢得机遇。

“这都是废话，杰弗里，”你可能会说，“我要怎么做才能与众不同呢？”答案有很多，也都需要付出辛勤的劳动。不过，只要你肯用功、肯努力，我保证你能迎来长久的胜利。

答案如下：

- **与众不同，就是让潜在客户感知到你是活生生的人。**首先该推销出去的对象就是销售员自己。如果别人不认可你的与众不同，那么接下来的事，你就不要妄想了。
- **与众不同，就是让潜在客户感知到找你做生意“更有价值”。**感知价值越高，价格因素就越弱。如果潜在客户感知到产品比较起来差别不大，那么打造售前价值和售后价值就成了唯一有用的差异化战略。

- **与众不同，就是独具创意。**与众不同的核心是创造力科学，是你利用空闲时间头脑风暴，探究可能性，不管是单打独斗还是群策群力。

大家可能会说，要想有创意，就得“跳出条条框框”来思考。不过，大家都错了。要想掌握创意，我建议你从“遵循条条框框”开始。

遵循条条框框？这是什么意思？很简单：要想掌握与众不同的学问，请从最显眼的地方开始。如果你的日常沟通与你的竞争对手没什么两样，那么别人凭什么相信你所说的“我们与众不同”呢？

其实能让人感知到与众不同的机会有很多。下面列出了三大契机——这与通过日常行动、沟通以及创造价值的能力，使他人认为你与众不同的能力有关：

1. **你采用的创意销售方法。**你演示自家产品或服务的方式——这是潜在客户能感知到的你与他人之间的差异。
2. **日常（每日）商业表述。**你打招呼、发短信、上网、宣传自己的方式。
3. **服务领域的客户沟通和行动。**如果事情出了差错，那么差异化就成为关键因素。你可能听说过，这就是所谓的“哇！”因素。但在所有恶劣的服务当中，只要“稍强于普通”就能鹤立鸡群。如果你觉得出色的服务不能让一家公司的发展和盈利能力焕然一新，那么不妨打电话给迪拉德百货（Dillard’s），问问他们关于诺德斯特龙的事；打电话给宝马，问问他们关于雷克萨斯的事。

好了，好了，杰弗里，我们到底怎样才能与众不同呢？

下面共有 14.5 项“条条框框”要素，值得你好好思考，而且今天就该采取行动。

测试如下：你所做的事，会不会给人留下印象并且不断被人谈起呢？有没有人会说“嘿，快来看，你一定要来看看这个！”或者“你一定要来听听这个！”呢？如果没有人这么说，那这件事就失败了——你也就失败了。

待在舒适的办公室，也能让你与众不同：

1. 你的语音信箱是一把钝刀。把它磨得锋利些。你是不是要么在打电话，要么就不工作了？你是不是还告诉来电者今天星期几？你语音信箱里的留言是很精彩还是马马虎虎？把留言弄得很精彩吧。

2. 办公室问候和呼叫转接。你的员工友善吗？你是不是用电脑来处理客户来电，以至于对方还没联系上你就已经抓狂了？电脑是不是把来电转到了语音信箱之类的地方？在你转接电话之前，先给客户提供几个选择。

3. 歇业时段的消息。好不好玩？能不能联系上某个人？你会不会把我吸引到你的网站，好让我没有白来？还是仅仅简单告诉我“现在闭门谢客”？

4. 与你签订单或做生意很便捷。给你的办公室打电话，试着下一份订单。试着联系某位销售员。试着联系你自己。非工作时间想找你签订单？（哎哟！）

5. 吃、喝、玩、乐。你的办公室咖啡、你的零食、你的室内餐饮。这些都要选最棒的，而不是最便宜的。

让你的公司沟通与众不同：

6. 宣传资料一字千金。你的资料是罗列出全部详情资料的官样文章，还是只给出了潜在客户可能因为它有价值而保存下来的信息？有用的信息能流传开来。你的详情资料是不是每次都被丢进垃圾桶？

7. 修改你的名片。马上改。快点改。“不行，”你抱怨说，“公司提供的名片就是这样的。”只要给你的名片印上“见背面”就行了，或者把你的头衔改成有意思或者吸引人的名词。你的潜在客户会不会把你的名片给别人看，说它很酷？把名片弄得很酷吧。

8. 你的广告是夸夸其谈还是证据确凿？如果你能用客户证明资料来讲述你的故事，那么广告会变得很精彩。大多数人只会吹嘘自己。太可惜了。

9. 网站首页。首页信息是关于客户的还是关于你的？“我们－我们”式网站不会有回头客。网站如果做得有创意，就能带来口口相传的广告效应和回访（或者终极胜利：“存为书签”）。

让你的销售快马加鞭：

10. 斟酌陌生拜访的开场白。如果你被迫要做陌生拜访，请联系对方的销售部门，而不要像平常那样说“我想找你们的负责人谈谈……”之类的胡话。销售员会告诉你一切，会引导你找到正确的人，会向你敞开大门。

11. 修改销售演示的开场白。请从一连串的问题和想法开始。不要介绍自己的名字，不要递名片，除非你已经激起潜在客户的兴趣，让对方迫切想知道：“你是谁？”

12. 修正你给别人留的信息。针对他们的要事提几个问题，阐述两个事实，让他们打电话给你询问第三个。你现在留给别人的信息，是全部关于对方呢，还是关于你想从他们那里赚到的钱？

13. 销售拜访或提交建议书后做跟进随访，要靠价值，不要靠虚伪。“我打电话来，是想知道您有没有什么问题。”每当有人这么问我，我都会反问他们，1984年世界职业棒球大赛冠军是哪支球队。他们当中没几个人知道答案（巴尔的摩金莺队），但却都笑了。不要打电话给别人，问对方的财富情况。要提供有价值的信息。告诉对方你对他们的东西有想法、有热情，而不只是对你自己的东西。

14. 销售之后（销售期间）你该怎样出现在客户面前？发一封本周小结电子邮件怎么样？或者其他一些能帮助他们的东西。

14.5. 告诉我（向我表明）你喜欢我。客户想要温暖的第一感觉。你给了他们什么感觉？你是怎样接听来电的？如果你的电话是由电脑接听的，那么我上面所说的一切都是徒劳，除非你肯把那台机器丢出窗外。用电脑应答来电，人人都会恨之入骨。今后的趋势是回归到真人问候“你好”。你的满怀友善（或者缺乏友善）将会决定你的未来。

现实：销售员想要与众不同，想要证明价值，想要让人难忘，想要做成销售，想要保持联系，想要建立关系，想要获得引荐。那就是传说中的“销售王牌”。这是游戏规则的改变者，也是做成销售的胜利者。请访问www.aceofsales.com，先在我身上尝试30天，然后马上开始，真正变得与众不同。

如果违反法则：如果你发现自己不断陷入价格战，那么问题不在价格，而在于你没办法从苦苦相争的竞争对手中脱颖而出。从根本上，这听起来平淡无奇，但实际上，销售界每天都在上演这种悲惨的困境，人人都难以幸免，你也不例外。如果你知道必须要与众不同，必须要向客户证明这一点，那么答案就变得显而易见：在你的销售演示中加入证明。这绝对没有火箭科学那么复杂，但远比火箭科学更加强大。这是销售科学，而你的任务就是不折不扣地付诸行动。

如果遵从法则：如果你能向潜在客户证明自己与众不同，他们就会对你有信心，他们就会相信你，他们就会开始想象和你做生意的景象。他们想的是："显然这哥们儿的产品和别家的不一样/更好。"最重要的是，你根本不必问客户他们感知到的差异是什么。他们就会开始向你提问题，比如交货，比如购买。这也就是所谓的购买信号。

如果客户感知不到你与竞争对手之间的差别，那么一切就只剩价格了。

啊哈！如果你在考虑应该证明什么，不妨想想你最重要的客户，他们需要什么，他们要求什么。请从这些地方证明。

啊哈！要想以你的价格做成销售，有两块踏脚石很有效，其一是感知差异，其二则是感知价值。

啊哈！不要告诉我你与众不同——向我证明你与众不同！

实现关键：请记住，你的"与众不同"之处不是来自你自己，而是来自你的客户感知。如果你真的想知道你的与众不同之处在哪里，直接去问问你的客户。找几十个客户咨询一下，用你的智能手机把他们的回答录制下来。这样，你就知道了牢记在一个又一个客户脑海中的"与众不同"之处。这就是能让你认真奉行的"与众不同"了。

与众不同的核心是创造力科学，
是你利用空闲时间头脑风暴，
探究可能性，
不管是单打独斗还是群策群力。

——杰弗里·吉特默

法则 19
演示生动有力

挑　战

大多数销售员最薄弱的环节就是演示能力。就算你拥有地球上的全部知识，但如果你的演示技巧太过拙劣，那么你想要传达的信息还是只能左耳朵进，右耳朵出。回想一下你的象牙塔时代，回想一下教过你的最出色的教授。他／她在讲课时的演示技巧给人留下了多么深刻的印象！他们之间往往就是花了心思和没花心思的差别。你对待客户时的情况也与这没什么两样。在我看来，优秀的演示技巧是一项预设条件。但现实总是太可悲，人们很少学习，也很少看重演示技巧。

重要线索：一旦你精通演示技巧，你的销售本领将得到提升，而真正的潜力则在于你将销售演示加以生动表现的能力。

Unbreakable

Law

19

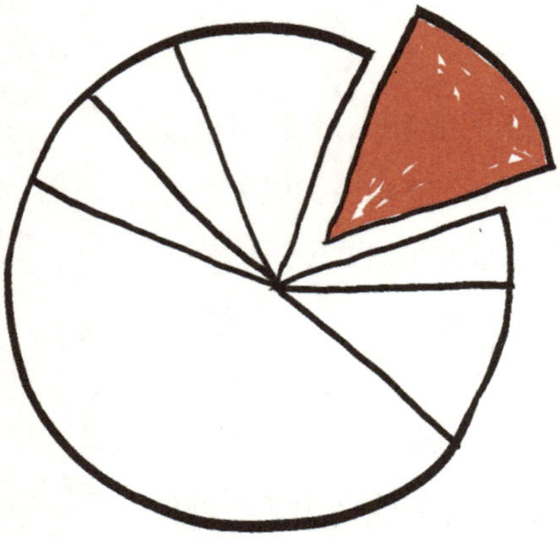

Perform Dynamically

法则19　演示生动有力

自三年级以来，
你进步了多少？

“记暑假里的一件事。”

相信每位读者在上小学时，老师都布置过这样的作业，要求围绕暑假里的一件事，做一次演讲，或者写一篇短文。

你可能写了某个湖泊、某座山峦，或者记录了在沙滩上度过的一周时光。你也可能做了一场演讲，开场白是：“我在暑假里的一件事。”你站在全班同学面前，举起双手，开始紧张地表演起来。

你一直在担心他们会怎么看待你，担心自己在众位同学面前演讲会很紧张，但不知什么缘故，你都勉勉强强做完了。

你写的文章发还到手中的时候，满是各种各样的红色标记，用来修改标点符号、语法和拼写错误。

要是你有收藏癖，要是你的父母喜欢收藏老物件，你家里可能还留着这些作文呢。

个人提示：我还保留着几个女儿小时候写的很多东西。这些都是珍贵的宝石。

我之所以提醒你这些事，这些怀旧的点滴记忆，目的是向你提出以下这些问题：自那时以来，你进步了多少？你的写作技巧长进了多少？你的演讲技巧长进了多少？这些技巧又对你的销售成功、你的企业成功、你的社交媒体成功和你的事业成功起到了何等重要的作用？

我作为专业的作家和演说家已经超过25年之久。但与你一样，在三年级老师要求记暑假里的一件事时，我也是个生手。小学四年级的时候，我写了一篇有关飓风“黑泽尔”的文章，那时候飓风席卷了大西洋城，而我和家人正住在那里。（如果你在Google上搜索一下，你就能算出我今年多大年纪！）

然而，大多数人并不知道，他们幼年的训练为他们目前的演示技巧打下了基础。你的语法，你的拼写能力，你面向他人、小型团体乃至大型团体做演讲的自信，你的整体性格，这一切都由你口头和书面的沟通能力所决定。

我亲爱的读者们，每一位正在读这行字的人或许都在想，当我的高中英语老师苦口婆心地讲解there、their和they’re的区别，或者your和you’re的区别时，也许我真应该多用点心才对。

不妨想象一下，你收到了这样一封电子邮件，标题栏写着：“Your in Luck!”①

你一定会认为，写这封邮件的人是个十足的傻瓜，这封邮件也会因为缺乏诚意、缺乏准备而被丢进垃圾箱。

① 正确拼法应为“You’re in Luck!”。——译者注

也许这是我的偏见，但要我和一个没办法纠正电子邮件中最显眼的标题栏错误的人做生意，恐怕我会再三思考。

我在此反复强调口语和写作的重要性，原因是这两者分别是两项最重要因素的基础：形象和声誉。人人都想有出众的形象，人人都想有出众的声誉。

好消息来了：只要能有一致的表现，你就可以一箭双雕，同时影响你的形象和你的声誉。

当我向我的观众提问："你们当中有多少人会在 300 人面前讲话时感到紧张呢？"几乎所有人都举起了手。但真正的问题不在于他们感到紧张或者不安。这些都只是表面症状。真正的问题在于，他们没有准备好。他们缺乏经验，缺乏与主题相关的专业知识，自我形象局限，缺乏自信——或者上述四点兼备。

而眼前的情况还要更加复杂，因为正在读这本书的你，多半也很清楚每周三晚上 9 点钟播出什么电视节目，你还会一刻不停地追看电视剧，想看看"别人的戏剧"里下一集会发生什么。你有意识地挑选节目来看，却不会有意识地挑选一些事来学或做。

试想一下，如果你参加过戴尔 · 卡内基有关公开演讲的学习课程，或者加入过"国际演讲会"，你可能已经成为一个自信满满的演说家了。

试想一下，如果你开始写自己的博客，到了三四十岁的时候，你还会写发生在暑假里的一件事，你可能已经吸引了不少具有相似喜好和价值观的读者，他们会在网上搜索你做过的许多事。

请不要误以为这是在传达某种行动。事实上，这是在传达某种现实。

现实：你的写作能力和你的演讲技巧必须更上一层楼，这样才有机会提高你的收入。

现实：你的声誉等于你一言一行的总和——其中很大一部分来自于写作和演讲。

如果你的客户能接纳你的热忱，
那么他们更有可能接纳你的信息。

现实：你的企业社交媒体形象可以变得令人惊叹不已，只要你将自己的写作能力和向客户传达价值信息的能力结合起来。

下面是我向你提供的2.5条建议……

1. **每周写一篇500字左右的博客文章。**写一写你喜欢的事。写一写可能会影响客户的事。写一写你专门研究的内容。

2. **每周做一次公开演讲。**民间团体往往很欢迎你去担任他们的早餐或午餐时段的主讲人。讲一讲你喜欢的事。讲一讲对其他人有价值的事。讲一讲你比较擅长的内容。

2.5. **你不会立马就收到回报。**但随着日积月累，你的活力表现能力会与日俱增。这种回报与你的佣金和盈利无关，但它与自我实现感息息相关。我希望你能体会这种感觉。

销售员往往在演示方面犯有致命的错误。

这不仅是一场演示，更是一场表演。

——杰弗里·吉特默

你到底有多糟？
你可能自己都不知道！

过去60年左右的时间里，我零零散散观察了不少本地电视广告；过去30年来，我也听了上千场有关推销和演讲的会谈与培训会议。

相当一部分演示者和演说家，都有一个共同点：演示技巧很糟糕。

重要问题：演示技巧有多重要？或者这样提问比较好：你的演示技巧有多重要？

更重要的问题：如果给你的演示技巧打分，从1~100，你能得多少分？其他人想听你说话吗？还是他们只是不得不听你说话？

最重要的问题：你是怎样提高自己的演讲能力和演示技巧的？你为提高自己的说服和劝导能力做了哪些事？你的信息能传达出去多少？你的演示能感染其他人，并促使他们采取行动吗？

这些问题不仅仅需要回答，你在回答问题的同时，也给出了你目前演示水平的成绩单。

真有意思，如果你上小学、高中或者大学时成绩单很不理想，你的父母往往会要求你更加努力学习，要你去上辅导班，要你做更多习题。现如今，你早已远离校园，名片都已经印制好了，你也早已忘掉过去的成功法则，忘掉怎样才能让你做一个更好、更出色的学生。

现在，是时候让卓越的演示能力大显身手了。

如果你能切实提高自己在工作中的演讲技巧，那么你就能轻松地衡量成果和结果——用金钱来衡量。

下面这个简单的清单指明了演示者和演讲者失败的原因：

- 遣词用句很糟糕。
- 抑扬顿挫很糟糕。
- 手势很糟糕。
- 肢体语言很糟糕。
- 笑容很糟糕。
- 诚意很糟糕。
- 结构安排很糟糕。
- 内心热忱很糟糕，信念体系不坚定。

在演示中，有许多堪称销售杀手的因素。这些因素里最紧要的恐怕要数糟糕、枯燥无味、塞满屏幕的幻灯片。

在演讲或演示过程中，还有一些其他要点能形成负面的氛围：

- 手势武断，居高临下。
- 全程紧绷，不会放松。
- 只会用头脑去读、背，不会从内心来做演示。

好吧，这都是坏消息。不过下面有补救措施！

一场精彩的演示，具备如下关键点：

- 知道你想说的内容。
- 相信你说的内容。
- 可信，有说服力。
- 说的方式很吸引人。
- 提供有价值的信息。
- 提供有用的信息。
- 提供及时的信息。
- 周全准备，完整排练。

如果你做不到这么好，那就请别人来替你说吧。

为什么每一则汽车广告都有个糟糕透了的讲解员（或者同样糟糕的车主）将汽车吹得天花乱坠，不停地说汽车的价格有多低、这笔生意有多划算、你能省下很多钱？为什么不能请5个客户来，让他们各讲10秒钟呢？

活力表现的实施要点如下：要让你的信息传达出去。要让你的观众（不管是一个人还是一百个人）对自己说："我明白了。我很赞同。我想我能做到。我愿意试一试。”或者，“我明白了。我很喜欢。我知道自己为什么需要它、想要它。我的风险承受能力很弱。我愿意买下来。”

秘诀如下：不妨把自己的表现录下来。如果你把自己的演示过程录成视频，多播放几遍，你就能看清自己有多么好或者有多么差。我觉得这是判定强项和弱项的唯一途径。这也会给你机会，让你设计出自我提升的制胜策略。

糟糕的演示技巧，使你的销售、
忠诚度、士气、声誉都白白流失了？
如果你想重回赛场，
出色的演讲和演示技巧会成为你的武器，
帮你赚个盆满钵满。

特大喜讯：大多数企业的演讲者和销售演示者都糟透了。这对你来说，就是天大的机遇，你可以俘获观众的心，进而占领你的市场。

活力的演讲和演示不是一个可选项

我每年都会做超过75场演示，有些是年度会议，还有些是销售会议。会上往往还有其他演示者。各种领域的总监、总裁，从财务到营销，应有尽有。

这些演讲人多半（说得客气一点）都不怎么吸引人。这些演讲人多半（说得不客气一点）都很无聊。当这些CEO发言时，底下的观众不是在发邮件，就是在发短信。呵呵！

这些公司花了几十万美元来组织这些会议，
但他们想传达的信息很可能根本就没有发挥作用。

有关演讲和演讲者，我的理念始终如一：站在房间前面做演讲的那个人，有责任表现出活力。他／她必须拥有一种可吸引人、可传达的信息，能让每一位观众都有所触动。

他们可能是杰出的领导者，他们可能是杰出的营销总监或者财务总监，但他们在做演讲时，观众都神游天外。

现实：如果你是站在众人面前的领导者，不妨问问自己：他们想要听我说话吗？还是他们只是不得不听我说话？

这个问题的答案，就是你演讲技能和演示技能的残酷现实。

演讲之所以索然无味，主要原因可能如下：

- 缺乏公开演讲方面的培训。
- 缺乏准备。
- 缺乏资料。
- 缺乏排练。
- 缺乏对演讲责任的了解。
- 缺乏对观众的了解。
- 材料枯燥。
- 缺乏幽默。
- 勉强硬撑的一场演讲（紧张，没有足够时间做准备，幻灯片不好，房间不好，时间安排不好）。

有关演讲和演示，类似主题的书籍早已汗牛充栋。戴尔·卡内基所著的一本书最出名，叫作《公开演讲》(*Public Speaking*)。这本书写作于1926年，整整87年过去了，这本书还在不断重印。

还有一本书写得非常翔实，也是有关公开演讲的早期作品之一，作者是美国的励志自助之父奥里森·斯韦特·马登（Orison Swett Marden）。

马登的这本经典著作名叫《奋力向前》(*Pushing to the Front*), 出版于1911年。书的第33章题为“公开演讲助人自我完善”, 马登介绍了他信奉的如下人生圭臬:

- “不管你对某个主题的了解有多少, 如果它没办法让你面对的人产生兴趣, 那么你的努力很大程度上只能付之东流。”
- “如果你不能用正确的语言来表达自己, 就算天生能力再出色、教育水平再高、穿着再光鲜、金钱再多, 那么你还是不能表现得很好。”
- “一个人的判断力、受教育程度、男子气概、个人性格, 所有让一个人成为他自己的事情, 会随着他自我表达的努力, 如同一幅全景画一般尽数展现在眼前。”
- “要想在观众面前反应敏捷, 对答如流, 必须快速、积极、有效地思考。这需要人生早期的实践和经验。”
- “你每次站起来讲话, 都会增加你的信心, 而且一段时间后, 你还会养成演讲的习惯, 你会觉得演讲和其他事一样轻松容易。”

人生忠告可以免费获取。如今整本书都已经进入版权公有领域。(此书可能是有史以来有关个人发展的最好书籍。)

我每次问公司高管, 他们受过多少公开演讲的训练, 通常得到的回答是“很少”或者“没有”。为什么?

很多人都认为公开演讲和演示“不重要”, 或者尽量让他们的幻灯片来替自己说话。这真是错误的决定。

在你打算朝我拍砖之前, 请允许我把话说完:“确实有很多管理层的演示者都活力四射！”只是可能并没有那么多。

我想提供一些思路，可能对你会有所帮助：

- **参加培训课程。**你可以快速启动自我教育的能力。
- **在安全的场所演讲。**民间团体。或者在你的同事面前。
- **聘请教练。**经常做演讲，而且还能做得很有活力的人。
- **把你的每次演讲录制下来。**自我录制是通往自我完善的唯一途径。
- **如果你使用幻灯片的话，把握好你的幻灯片。**幻灯片可以助益演讲，也可以毁了演讲。
- **把握好你的讲话。**现场排练，完全相信自己所说的话，是让你显得真实可靠不可或缺的要素。
- **演讲内容要来自内心——而不是来自脚本、提词器，或者其他人替你写好、准备好的稿子。**要让你的信息传达出去，靠的是演讲中的诚意，而不是照本宣科。

现在，我向你发出了战书。请做一个更好的公开演讲者吧。

如果违反法则：后果很明显，即缺乏影响力。你会常常受到来自潜在客户的轻微干扰（更多咖啡，更多来电，更多人走进来想得到答案）。客户会变得无动于衷，而你会试图读懂他，弄清他的肢体语言在说什么。让我帮助你理解吧：你太无聊了！

如果遵从法则：你会看到笑容。你会看到其他人受到感染，主动加入会谈。你会看到客户那一方的倾听意愿和参与意愿。你会注意到，其他人开始提一些会对他们的购买决定起到积极影响的问题。你还会享受自己的时光，而不必试图弄清他人的肢体语言，弄清什么时候“结束”。

你不仅能签下订单，还能收获额外的声誉。你的活力表现结束之后，客户会用积极的方式来主动找你交谈。

注意：这不是一次性的教训。这是终身受益的教训。现在就开始吧。

啊哈！当你在给客户做演示时，必须要有激情和可传达给他人的信念。

在评估自己的演示技巧时，
一个常被遗忘的秘诀就是：把自己录下来。

实现关键：每周把自己说的话录下来，积极主动地听——换句话说：要做笔记。评判自己的表现是自我改善的捷径。参加戴尔·卡内基的课程。这不仅能教会你、推动你，还能赋予你力量，突破自我强加的限制。

唱卡拉OK。我知道这个方法听起来很奇怪，但这样做能让你理解，言语是唱出来的，而不仅仅是说出来的。这样做还能让你更好地认识沟通的表现层面。

买我的《畅通无阻小绿书》（*Little Green Book of Getting Your Way*）来读一读。要想把演示转换成表演，需要花点时间，需要重新花费不少精力（尤其是如果你已经认为自己“相当好”的话）。

法则 20
渗透社交媒体

将近10年以前，如果你想约见潜在客户，所有一切都是活生生的人际网络——出现、交谈、约见、交换名片、尝试与某些人建立关系、预约拜访。现在，有了社交网站LinkedIn，有了各种各样社交媒体的覆盖，你可以更快地找到更多的目标人群，在无形中与他们建立关系。

现实：你不能只做这个，或者只做那个。当今世界，你必须两手抓，既抓线上网络，也抓线下网络。我的早期网络在北卡罗来纳州夏洛特市得以形成，它为我在当地的商业成功铺平了道路。我的线上网络则是以一种自己都未曾想过的方式壮大了我的声誉和品牌。你也有和我一样的机会。需要回答的问题是：你应该怎样利用线上网络呢？

Unbreakable Law 20

Attract Engage and Connect Socially

法则20　渗透社交媒体

名片可能马上要被淘汰。
你该怎么扩展人脉呢？

我坐在拉斯韦加斯的威尼斯人酒店，喝着意曼多咖啡，他们家的咖啡可谓世界之最（这一点尚可讨论）。吧台前，我认出一个明显不是美国人的男子。（时尚品位透露了一切秘密。）

“你是哪里人？”我问道。“比利时。”他得意而又骄傲地回答道。“请你喝杯咖啡吧，”我说道，“就当作美国欢迎你的见面礼了。”

他说：“我还要请我的两个朋友喝咖啡。”我说：“没问题，都记在我的账上吧！”

我们开始交流文化方面的信息，我发现他们三个都在做销售，和我一样。他们的姓名牌还透露出他们将出席第二天晚上举办的一场会议，而我是同一场会议的主讲人。

就这样，我们建立了联系。

他们想知道我知道的一切，我想知道他们知道的一切。

马塞尔（三人之一）向我提的第一个问题，已经被问过一千遍了："销售中打败竞争对手的秘诀是什么？"我的答案脱口而出："不在价值中不同，就在价格中死亡。"

他说："我同意。我就是一个价值提供者。"

我说："嘿，那我们发到Twitter上吧。"我们立马就把这段对话发到了社交网站上。我问这三个人，他们在Twitter上有多少个关注者。第一个家伙说没有。第二个家伙说没有。第三个家伙——马塞尔——说"不太多"，并且不好意思地笑了笑。

原来他们想利用社交媒体，但他们不知道该如何使用社交媒体。

友情提示：令我惊讶的是，这么多精明的商务人士不懂得将"啊哈！"信息或者有影响力的信息在商务谈话中与人分享、与人交换，并且将之传达给全世界。

这是你的选择：你可以告诉三个人，你也可以告诉三万人——甚至三百万人。如果应用到企业社交媒体上，Twitter的力量能帮助你把你的智慧传递给所有的关注者，以及所有转发过你的信息的关注者。始于一间咖啡厅，一场偶然的谈话。哇！

我们聊了一个小时。我们有说不完的话。我把我的名片、商务电子信用卡，还有两本签名书给了他们，并问道："能给我你们的名片吗？"他们三人都说："我现在没带。"我心中暗想，这样可不行。

我的想法还停留在1990年，但现在是2013年。

现实：帕斯卡（我请喝咖啡的那个人）说："只要在LinkedIn上和我建立联

系就行了。”酷!

要建立联系，名片并不是非要不可，
尤其是有些名片要么无聊透顶，
要么由某些营销部门预先做好，或者两者兼而有之。

正当那时，我们几个人都拿出自己的移动设备，彼此在LinkedIn上建立了联系。靠的不是名片，而是线上业务联系——一种永久的名片、永久的联系。建立了这种联系，我们彼此获得的信息是区区一张名片所能容纳信息的一百倍还要多。

企业社交媒体的经验总结：当你与别人建立联系，给别人点赞，加别人关注，为别人拍照，跟别人轻轻对碰，转发别人的Twitter时，突然之间，名片变得无关紧要了。

尾声：不到一小时的时间过去了，“不在价值中不同，就在价格中死亡”这句话在Twitter上获得了22次全球范围内的转发。而且转发量还在不断增长。

不妨一试：你下次参加社交活动时，请不要随身带名片。如果其他人想和你保持联络，让他们和你建立网上联系，或者关注你。

请记住，名片所能代表的只不过是一种简单交换，而现场关注LindedIn、Twitter或者Facebook则让人投身参与。

长期参与。

想想看，你办公桌上的一大堆名片，都是你从来没有真正建立过联系的人，当然也从来没有提供过价值。接下来再想想，你添加到自己线上网络里的人——这些人才有可能真正受你启发，挖掘出你的深度。

目前的潮流走向已经开始与互换名片这种美国旧俗唱起对台戏。这不是一场“运动”或者“抗议”。相反，这是一场技术演进。不管是我还是你，都必须清醒意识到这种趋势，今天就必须清醒。

对了，名片这种东西应该还会存在一段时间，但说不定15年以后，我会听到我三岁大的孙女伊莎贝尔拉着我问：“爷爷、爷爷，名片是什么东西？”

那么，你是怎样建立联系的呢？

这不只是你的名片。
这更是你带给人脉的感知价值。

——杰弗里·吉特默

是谁在害怕社交媒体和社交网络？
是你！

你真是胆小如“鸡”。请允许我更正一下。你不仅胆小如“鸡”，你还没什么脑子。

你孤零零地站在外面的马路中间，啄着残羹剩饭，而一辆18轮大卡车正要从你身上碾过去。

请听解释：企业社交媒体造就了人类历史上最大的养鸡场。

不过你实在太胆小，不敢投身其中，不敢参与其中，而其早已被证明是互联网诞生以来商业和销售上的大繁荣。

这个养鸡场也被称为“美利坚公司”。

既然这个国家只有很少一部分销售员和商务人士在讨论企业社交媒体的总体优势，我就假设你也属于鸡这一类了。我这里想说的既不是公司，也不是律师。我想说的是你，胆小的销售员。

下面这些因素可能阻碍你通过Facebook、LinkedIn、Twitter和YouTube建立你的联系、你的声誉，促成你的生意、（当然还有）你的销售：

1. 你面临技术方面的难题。一说到要在Facebook上建立自己的企业页面，开通自己的LindedIn账户，开通自己的Twitter账号，当然还有自己的YouTube频道，你可能就会感到不知所措，无从下手。但请不要慌。不管是哪一种社交媒体，都会提供按部就班、易于效法的教程，帮助你上手，打好基础。这可能需要花点时间，总共两到三个小时。不然的话，你也可以把这点时间用来打20通陌生电话访问，然后被拒绝20次。好好考虑吧。

2. 你不知道该从哪里开始。要想着手开始，请给你的前25位客户打电话，弄清对方眼中对他们的市场、业务最有价值的东西。告诉对方你打算创建基于价值的企业社交媒体形象，你还可以给他们发一封电子邮件，请他们关注你的社交媒体账户。

3. 你不知道该从哪个媒体开始。请从Facebook开始。目前Facebook的互联网用户已经超过10亿人，堪称世界“第三大国”，这些用户中很多都是你的现有客户和潜在客户。你可能已经有个人的Facebook账户。现在请创立一个Facebook的“企业”页面吧。

4. 你不知道该说些什么。你只要打电话给你的客户，弄清他们想听什么、想读什么、想了解什么，你就会明白到底该说什么。企业社交媒体并不复杂。它不是微积分课，也不是物理课。秘诀基本上就是要围绕常识、提供价值。这些都是核心要素。

5. 你不知道怎样将它应用于商业。企业社交媒体提供了史上第一家开放论坛，在这里客户可以与你建立联系，分享他们的感受，你也有机会做出回应。如果你还是没看清它怎样应用于商业，或许你应该搜索一下你的竞争对手，看看他们在做哪些徒劳无功的事，好让客户参与进来。你的任务是在Facebook、Twitter和YouTube上打造出更好、更开放、更诚实的论坛。

6. 你害怕客户会发表一些负面的消息。醒醒吧，这可是互联网。客户不会因为你没给他们发表这些坏事的机会，他们就停下不发表了。如果你能给他们创造条件，让他们发表出来，这也能给你机会做出回应、解决问题，或者至少研究一下问题——这能让你的其他客户相信，你一直在关注他们。这对你的企业来说也是一个巨大的机遇，找出自己的弱点，确保问题不再发生。我相信，如果你的Facebook企业页面出现了负面的帖子，这一定是你能获得的最正面的机会之一。而避之唯恐不及的人只有高管胆小鬼、营销胆小鬼。哦，且慢，我还漏了律师胆小鬼。

7. 你害怕老板会炒你鱿鱼。如果你发表了有关客户互动的积极评价，而客户也在发表评论说他们有多喜欢你，那么你对解雇的恐惧很可能会变成加薪。大多数时候，老板之所以害怕企业社交媒体，是因为他们自己面临着技术上的挑战。

关键提示：所有老板、所有销售经理都是胆小鬼。这就是他们要把合同中的非竞争条款摆在首位的原因。

8. 你害怕你会违反公司律师武断定下的规则。要想确保自己远离规则，最简单的办法就是远离你的公司名称。你在Facebook上的企业页面应该与产品或服务有关，而不是与公司有关。请记住，你在替自己打品牌，你在替你自己的专业知识打品牌。重点在于沟通和帮助客户，而不是销售产品。

9. 你害怕没有人会关注你。如果你建了一个网页，然后像电影《梦幻之地》（*Field of Dreams*）里一样，天天幻想着“如果你把它建起来，就会有人来”，那么你就担心对了。没有人会关注你的。如果你制订出如前所述的行动计划，发布有价值的信息，邀请客户来关注你，那么你获得的关注者会比你每天做饭前祷告的次数还要多。

10. 你害怕做出个人承诺。时间恐惧和时间承诺不仅仅是企业社交媒体的障碍，更是人生的最大障碍。我建议你把一天之中醒着的所有时间全部列出来，可能是16个小时，可能是18个小时，不管几个小时，都把它们分配给你认为最重要的事项，至少预留两个小时给企业社交媒体。一个小时安排在早上，一个小时安排在晚上。

关键提示：如果你的老板够愚蠢，甚至禁止工作时间登录Facebook，那么不妨把时间安排在早上、在星巴克喝咖啡的时候。建立25个联系，发布5条重大事件，拖满一个小时再去上班。一个星期后，老板会问你最近在忙什么。请展示给他看。说不定你还能把这条糟糕的规矩给改掉呢。

10.5. 你的老板和律师不只害怕企业社交媒体，他们什么都怕。企业偏执狂是自由企业中最有趣，也最可悲的一面。

现实：请看看那些率先迈出社交媒体这一步的公司。它们是领头羊。它们主动找客户交谈，而不是躲开不见。在此过程中，客户也慢慢变得忠诚。

小点子：请公司里的CEO和律师来告诉你，你能做什么，而不是你不能做什么。

要想投身和实现商业化社交媒体，最简便的办法就是寻求专业人士的帮助。我就是这么做的。“一家社交媒体”（onesocialmedia.com）网站教会我怎样做好交叉链接，怎样使用关键词，怎样优化以便能被Google搜索到。结果成功了。

重新分配时间。开始每天安排两个小时。进入21世纪吧。这是可以度量的，也是让人愉快的。

如果违反法则：违反这条法则，后果很明显——代价很惨痛。不管你的社交形象如何，你都会受到同等的关注。尤其是当你的社交形象非常不错时。社交形象，不管是现实世界还是虚拟世界，都是你的声誉和影响力的驱动力量，既包括企业影响力，也包括个人影响力。

下面是企业社交媒体应具有的最小值。如果你没有达到，那么你就违反了这条法则：

- Facebook：1 000+“赞”。
- Twitter：1 000+关注者。
- LinkedIn：501+联系。
- YouTube：10段视频，1 000次播放。
- 博客：500份RSS订阅。
- 每周电子杂志：500份订阅。
- 面对面网络：每周10小时。

还觉得你没有违反这条法则吗？

如果遵从法则：当你在社交媒体上吸引他人、投身事业、建立联系，人们会关注你，和你连接，给你点赞，转发你的Twitter，发布有关你、你的产品和你的企业的正面内容。

还有，想买东西的人会一直打电话给你。如果你努力想要吸引客户，那么遵从这条法则将是你的最佳捷径。

注意：不管是线上约见还是面对面约见，会面结束后，其他人总是会审视一番你的实力和声誉。而你没办法阻止他们。

啊哈！社交媒体可以为你带来声誉、引荐和销售。

啊哈！社交媒体是新型的陌生拜访。

所谓社交媒体互动，
实际上是与客户进行全世界都看得到的一对一沟通。

啊哈！你在社交媒体上的个人参与不是一个可选项，而是势在必行之事。

啊哈！你所居住和工作的社区与你的线上社区同样重要——尤其是当你坐镇家中、运筹帷幄之时。

实现关键：效仿我！学习我！复制我！想要建成你的社交网络，我已经给你做好了范例，我还把我的步骤弄得很容易复制。

- 开始在Twitter上每天发一条有价值的信息。给你的客户发一些样品，请他们单击链接关注你。

- 在LinkedIn上建立501个联系，发布你的想法。
- 在你的Facebook企业页面上与客户交谈。回应客户，从而鼓励对方发布更多帖子。
- 开始在YouTube上建立频道，用你的智能手机当摄像头和发布设备。制作一些值得一看的视频。

然后，走出办公室，与人会面。上班前、午餐时、下班后，社交网络的机遇俯拾皆是。最简单的规则是："去你的客户去的地方。"建立关系，寻找那些可能具有价值的人脉，结交新朋友。

法则 21
主动赢得销售

挑 战

所有销售员都想做成销售，请求引荐，讨要客户证明信。幸运的是，你并不像所有其他销售员那样。销售成功的关键是“赢得”这个词。如果你能赢得销售，你根本不必想办法怎样结束这场交易；如果你能赢得销售，你也不必费心请求对方引荐。

“赢得”二字，表面上看似简单，但却是销售中最难把握的要素。赢得不只是一段过程，赢得是一个行动计划，是你努力换来的成绩单，是你的人脉关系，是你的感知价值。哦，当然，还是你的囊中财富。

Unbreakable Law 21

Earn Without Asking

法则21　主动赢得销售

结束销售……
最后那个回答你恐怕不会喜欢。

是什么让你做成销售？是你的言语、你的行动、你的感知差异，以及你的感知价值。

不是你的请求！

是什么让你获得引荐？是你的行动、你的服务，以及你的“哇！”。

不是你的请求！

销售界有一句“ABC”箴言：“一定要结束”（Always Be Closing）。

你可能听过这句话，它出自名噪一时的销售类电影《拜金一族》（*Glengarry Glen Ross*），亚历克·鲍德温（Alec Baldwin）在片中饰演自己。这句销售培训箴言始于20世纪60年代，一直到20世纪80年代才疲态尽显。这句老话的问题在于，时至今日还有人在沿用。

每一次我开讲习班时，每个人都想知道，结束销售的最快速的办法，结束销售的最简单的办法，结束销售的最好的办法。

现实：要结束销售，没有快速的办法，没有简单的办法，也没有最好的办法。最快速、最简单、最好的办法是让客户掏钱购买。

不过，比起考虑怎样结束销售，还有一种思考方式更好。而一旦你领会这种方式，就能改变你的销售方法，越变越好，永远变好……

关键不在于“结束”，而在于“开启”。

从你约见潜在客户的那一刻起，对方就开始做判断。首先，他们会评判你；其次，他们会评判他们想买的东西；最后，他们会评判他们想购买产品所属的这家公司。正如我多年来一直说的那句话，首先该推销出去的对象就是销售员自己（也就是你）。

销售的秘密可以定义为两个词：感知价值和感知差异。这两个词语的前一半不谋而合：感知。

如果你的潜在客户感知不到你和竞争对手之间有何差异，感知不到你提供的东西有何价值（或者说得更准确一些，有何更高的价值），那么一切就只剩下价格——你很有可能会丢掉这笔买卖。退一步说，就算你做成了这笔生意，也会以牺牲你的利润为代价。

世上还有两样无形资产，如能结合在一起，便会帮助你完成销售，孕育出更好的机遇、更大的成功率。这两者分别叫作“舒服”和“契合”。你和潜在客户在一块儿的时候舒服吗？潜在客户和你在一块儿的时候舒服吗？客户有没有感知到契合？你卖的东西是不是与客户需要或者想要买的东西相契合？

所以我又要提到我最初的说法：关键不在于结束，关键在于开启。

现在请允许我给你做个小测验，帮助你确定自己算不算为开启销售做好了准备……

你的心态如何？你的信念体系有多强？你有没有“超级好”的心态？你有没有对你的公司、你的产品或服务，还有你自己秉持坚不可摧的信念？还有，你有没有相信客户买了你的东西以后会变得更好？

你对即将约见的公司和个人研究得有多透彻？销售前要做的准备可以划分成三个部分：个人准备、销售准备、潜在客户方面的准备——在此着重强调：潜在客户方面的准备。

你知不知道客户购买的原因？你知不知道客户购买的动机可能是什么（或哪些）？如果你知道他们的原因、他们的动机，那么自然而然，你也能明白他们的紧迫感。

关键提示：你推销的理由和他们购买的理由相比，往往显得苍白无力。

当你第一次和潜在客户通话时，那是不是一场友善的相遇？你对他们熟悉吗？他们对你熟悉吗？你们发展成密切关系了吗？你们有没有共同点？

秘诀如下：在你做面对面约见或电话约见来完成销售之前，除了你的准备工作之外，你还必须确立目标，让你的客户喜欢你，相信你，对你有信心，信赖你。如果你在销售演示的框架内也完成不了这些目标，那么完成销售永远都只能是空想。

请允许我再次复述一遍我的开场白：如果开始不对，那么结束也一定不对。

不要再去学习或生搬硬套老旧过时的“结束”理论，而要让自己走上“赢得”之路，每一次演示结束时都问问自己以下这些问题：

- 你准备得怎么样?
- 你表现得有多么友善?
- 你情感上有几分投入?
- 你表现出多少差异?
- 你表现出多少价值?
- 你表现得有多么吸引人?
- 你表现得有多么可信?
- 你表现得有多么可靠?
- 你表现得有多么自信?
- 你表现得有多么容易接近?
- 你在他人感知中有多么值得信赖?

这些问题都很难回答。但回答这些问题，会在不知不觉中让你对演示产生新的认识，而这样自我剖析一个月左右之后，最终会帮你开启销售的大门，让你的钱包也变得鼓鼓的。

结束销售并不是一项行动。结束销售是一个顶点，是所有元素的一个总和，这些元素能让有利的决策成为可能。

结束销售是一种微妙平衡，
一端是你的言语和行动，
另一端是对客户想法的感知。

销售总是能做成的。要么是你把“好”卖给潜在客户，要么是潜在客户把“不好”卖给你。

- 销售员的责任不是结束销售。销售员的责任是吸引潜在客户。
- 销售员的责任不是结束销售。销售员的责任是向潜在客户证明自己的差异。
- 销售员的责任不是结束销售。销售员的责任是向潜在客户证明自己的价值。
- 销售员的责任不是结束销售。销售员的责任是赢得销售。

千万不要结束销售。而要完成销售过程，赢得销售，并且开启这段客户关系。

所谓赢得销售，就是你迄今为止所学过的所有法则——你的心态、你的服务能力、你的证明能力、你的全部知识、你的技术优势、你的声誉，还有你以积极、动人的方式来表达自己的能力。

吉氏免费小贴士：

如果你对销售之前或销售期间建立的8道个人障碍感兴趣，请访问www.gitomer.com，并在GitBit框内输入单词“barrier”（障碍）。

你给我一个准备充分、态度友好、迷人、有差异、有价值、让人叹服、让人相信、自信、容易接近并且值得信赖的销售员……我就会让你做成一笔生意！

——杰弗里·吉特默

赢得引荐比赢得销售更难

许多“专家”谈到引荐时提供的（错误）信息，总是让我火冒三丈。

令我生气的不是“专家”提供的大部分信息都是漏洞百出、远远落伍，而是你居然会将其奉为信条，铭记在心，小心尝试，且惨遭失败，结果既失去了关系，又失去了客户。

我生气的重点围绕着这个词——请求。

有些蠢蛋——呃，我的意思是“专家”——说，你必须提出请求才能拿到自己的合理份额。他喋喋不休地讲，有个“20 / 60 / 60 法则”。他还进一步解释说，20%的客户永远会帮你引荐，60%的客户在你请求他们的时候会帮你引荐，20%的客户永远不会帮你引荐。

这条法则究竟从哪里冒出来的?

我的法则如下：20%的客户在你请求他们的时候可能会帮你引荐，剩下80%的客户只会处在不舒服和发脾气的中间地带。

意大利经济学家帕累托［1906年提出了80／20法则，1941年由约瑟夫·摩西·朱兰（Joseph Moses Juran）重新定义］要是看到有人在毫无事实依据的前提下编造数据，恐怕都要从坟墓里跳出来了吧。

你的老板会告诉你："一旦你做成了销售，马上就请求对方引荐吧。"

现实：这是最糟糕的请求的时机。

或者你的老板会提醒你："不要忘了请求对方引荐。"这也真是太荒唐了。

如果你决心要提出请求，最好知道该在什么时机提出请求。提得太早，你就死定了。至少要等到你们的关系发展稳定了。至少要让你的产品或服务开始结出令人满意的果实。

请求引荐的一般法则：如果会让人感觉尴尬，那就不要提出请求。如果你还没有建立稳固的关系，那就不要提出请求。如果你请求引荐并且没有如愿，那就不要再次提出请求。

我的请求法则：不要求回来。要赢回来。

下面是请求引荐可能造成的5.5条主要后果：

1. 你会给你们之间的关系造成不必要的紧张。

2. 你可能还没有为了赢得引荐做过什么事。

3. 你会把你的客户推向尴尬的境地。

4. 如果你没有如愿获得引荐，那就把这个结果看成一份成绩单，而不要以为对方没有反应。

5. 如果你发邮件或打电话跟进，"提醒"客户你还没有收到你请求过的引荐，这样做可能会破坏你们的关系。

5.5. 如果你打电话提出请求，对方没有引荐，而你再一次打电话提出请求，那么很可能他们再也不会接你的电话了。

启示：在成功获得引荐之前，你最好弄清哪些因素能带来引荐。你的行动可以让引荐成为可能——或者不可能。

现在你已经知道为什么有些人可能不愿意引荐你（尤其是如果你提出请求，或者是如果你请求得太早，抑或是如果你请求了两次），让我来给你介绍获得各类引荐的最佳策略。它涉及的行动计划只有两个字：赢得！

- 靠客户关系中的客户感知价值赢得引荐。
- 靠基于价值的行动赢得引荐。
- 靠客户关系的质量赢得引荐。
- 靠提供难忘的服务赢得引荐。
- 靠产品质量赢得引荐。
- 靠可靠性赢得引荐。
- 靠一致性赢得引荐。
- 靠响应速度赢得引荐。

关键提示：这场行动不仅能赢得引荐，开启源源不绝的引荐闸门。这更是关乎所有。这些行动能建立客户忠诚，树立声誉——而引荐就是结果和成绩单。

重要秘诀：请提供引荐。

提供引荐的最好策略：安排一次午餐会议，为你的客户带去一次引荐。你的客户会傻眼。他／她一定会永怀感激之情，会在今后的多年里不停介绍你和你的事迹。哦，顺便说一句，你的客户也一定会不辞辛劳，回报你两次引荐，来表达对你的衷心感谢。

注意：这需要你付出本职工作以外的努力。

关键提示：即使你的客户没有投桃报李，你也照样走在理解“法则 9：首先传递价值”的康庄大道上。

吉氏免费小贴士：

获取引荐还有一些其他的策略。如果想进一步了解，请访问www.gitomer.com，并在GitBit框内输入单词“reward”（回报）。

如果违反法则：根据定义，违反这条法则，也就是说，你还没有做到“赢得”二字。请求引荐是迄今为止在客户关系维护方面最危险的举动。请求引荐或客户证明，意味着距离真正赢得还有段时间。如果你的客户还没有意愿引荐的话，你就会把他／她推向一种骑虎难下的不舒服的境地。而如果说还有什么事比提出一次引荐或客户证明的请求更糟糕，那就是提出两次。我会认为两次请求等于贪得无厌、冥顽不化——你的客户也会这么认为。

如果遵从法则：遵从这条法则，也就是说，你已经成为销售专业人才里的精英成员了。全世界只有排在前 5%的销售员能理解这则信息。这意味着你已经与客户建立了真正的关系，并在这种融洽相处中收获了回报。

- 赢得销售，意味着你已经获得了相当程度的感知价值。
- 赢得引荐，意味着你已经获得了相当程度的信赖。

- 赢得客户证明，意味着你已经获得了相当程度的客户忠诚。
- 赢得以上三者，就是终极全能大赢家。

友情提示：不要一路患得患失。只要不停提供引荐。即使客户没有“回报你”，世界也将会回报你10倍。

啊哈！每当你登门入室，开始销售拜访，请考虑开启销售、吸引客户。

啊哈！请求做成销售，意味着你还在苦苦竞争。请求做成销售，意味着你对结果还不敢肯定。请求做成销售，意味着很有可能会获得“不要”、“再考虑”或者某种形式的托词。

啊哈！做销售靠的是情感（感知），做判断靠的是逻辑（理智）。

啊哈！我会使用这样两个问题，来引导客户签订合同：你准备好了吗？这样够公平吗？

最靠谱的潜在客户是由客户主动引荐的。
位居第二的获得引荐的简单方法：赢得引荐。
获得引荐的最简单方法：提供引荐。

实现关键：好好研究你的最后10单销售生意。你是求来的还是赢来的？录下你的销售演示，每周一次。这会成为你生命中最有启迪作用、最有现实意义，也最让人不安的培训。这也会成为最棒的课程，让你知道你是什么人、你演示得如何。

好好研究你的最后10次引荐。你是求来的还是赢来的？重新找到那些引荐你的人，问问他们为什么引荐你，愿不愿意再次引荐你。

如果要用一个词来定义引荐，那就是风险。

你的客户使他/她与其他人之间的关系面临风险，

并相信你会尊重、尊敬且促进这种关系。

——杰弗里·吉特默

法则 21.5

不热爱就离开

挑 战

你有多热爱你的工作？我是说真的。你会不会无偿做这份工作？你欣赏你的领导吗？你对你的公司和你的产品拥有坚定信念吗？你在给潜在客户做演示时，你的激情是不是能一目了然，是不是能感染他人？最后一个问题，假设你能到任何地方卖任何东西，你还会选择现在这个地方、现在这份工作吗？

这些问题你都必须问问自己，因为这些问题的答案会决定你的未来、你的收入和你的命运。

Unbreakable

Law 21.5

Love It or Leave It

法则21.5　不热爱就离开

你是陷入了职业倦怠，还是只是讨厌工作？

我刚刚读到一篇文章，有人就“职业倦怠”发表了无知的看法。这让我想到，有些人确实已经（或者觉得自己已经）“倦怠”了。

如果你到亚马逊网站上快速搜索一下，就能检索到580本书提到“职业倦怠”这一主题，或者专门研究这一课题。好吧！

我读过的那篇文章里提出了一项补救措施，提醒大家“少做点事，这样就能避免倦怠”。文章还建议读者避免过多的工作量，不要过分予人方便，以免他人耗尽你的精力，不要过度劳累自己，这样就能减轻几分倦怠感。

换句话说：你还是很讨厌工作，只不过没那么讨厌了而已。

为什么人们都在说，他们“倦怠”了？

这是一种自己施加给自己的思想创伤，起因是：

- 采取的行动不恰当。
- 不知所措、过度紧张的错误感觉。
- 总体工作氛围消极。
- 并不真正热爱你的工作。
- 并不真正相信你做的事。
- 顶头上司不是傻瓜就是白痴。

倦怠、压力，虽说可能是真实存在的，但它们往往是自我强化的感觉，你完全可以克服。

倦怠会一直体现在你的日常会话中，直到它渗入你的心灵。这样不好。

你可以问问自己一些有关现实的问题，好让你开始自我实现。写下你对以下问题的答案。

- **问题一：你有多热爱你的工作？**
- 问题二：你工作中最棒的部分是什么？
- 问题三：你更愿意做什么事？
- 问题四：你更愿意去哪里工作，如果能提供给你同等乃至更好的机会的话（不只是金钱）？
- 问题五：另一条职业生涯跑道上的草是不是真的更绿呢？

心生倦怠，承受压力，这不是一个问题，这是一种症状。如果你能回答出你“为什么”感觉倦怠，那么就已经触及这一情境的核心了。

一旦你开始问自己这些问题，就已经到了该采取积极行动的时候了。

如果你找到“症结”所在，那么症状就会开始缓解；如果你能找出你自己的答案，挖出（有关你的）事实，那么症状就会持续消解；如果你能意识到你可以改变自己的思维模式，把“焦头烂额”扭转为“激情燃烧”，那么症状就会彻底消除。

- 行动一：写下你认为造成紧张情绪的原因。
- 行动二：写下你认为可能的补救措施。
- 行动三：在每条补救措施之外，写下你和别人可以做到的其他事。
- 行动四：写下这些补救措施变为现实的可能性。
- 行动五：写下你的理想工作或理想职业，然后写下要达成这一目标你需要做哪些事情，学哪些东西。

请做出决定，你究竟是想做还是不想做这份工作。如果想做，请再次倾力奉献出自己的个人卓越才能。如果不想做，请马上离开。

现实：根据你目前的情况（家庭、债务、义务），你可能只需要再熬过一段时间。不过，如果你已经弄清了原因和补救措施，那么很快就会迎来风平浪静。你可以一切尽在掌握。你可以自己做决定。

至于说你现在处于什么境地，必须要由你目前的情况与你未来的希望和梦想两相衡量才能确定。

要想让自己摆脱“职业倦怠”模式，培养更加积极、乐观的心态，下面是一些可供参考的建议：

1. 新的一天从你最想完成的三件要事开始。

2. 取消所有愚蠢而又浪费时间的会议。

3. 不要讨论无关紧要的事，尤其是不要讨论他人。

4. 专注于结果，不要专注于工作本身。

5. 每天至少抽出 15 分钟时间自我思考。

6. 杜绝三大时间浪费器（或称为注意力分流器）:

- 工作期间的Facebook通知（除非是Facebook企业页面）。
- 私人电子邮件、私人电话。
- 闲聊灌水，谈天说地。

7. 下班回家后，多阅读，少看电视。从我的《“好！”态度小金书》一书开始。

7.5. 每天结束后，回顾你这一天完成的工作——既要表扬自己，也要反省自己。把这些思考写下来。

重新点燃你心中的火焰。给自己一个机会，让你在工作和职业生涯中做到最好。千万不要放弃战胜自我。每天都要告诉自己，世上有且只有你能做到最好，变得最好。

要做到最好，不要倦怠。

我该按照什么方法做才能成功呢?

每天我都会收到一封以上的电子邮件，信中说我可以成功，只要付给发件人一大笔钱，然后照着他们的方法去做就行了。这些人之所以有机会推销“照我的方法做”就能成功这样的点子，究其原因就是大多数不成功的人都没有信心照着他们自己的方法去做。他们没有行动计划，也没什么主见：“嗯，如果那家伙能成功，也许我也能吧。”

世上那么多“花钱买成功”的人，他们是靠贪婪去追求金钱，而不是凭着积极进取和热忱来赢得金钱。很多时候，他们在半路上就失败了，而且还责怪把这套秘诀卖给他们的人（或者责怪秘诀本身）。

当你朝着成功前进，却没有真正实现成功时，

不妨把它看成一段经验、

一场冒险——而不是一次失败。

而如果你把它当成一次失败的尝试，
不妨首先好好审视一下自己的心态。

下面是我的 4.5 条成功秘诀，任君使用，完全免费：

1. 去做一些你相信、你热爱的事情。

2. 把时间献给一些能让你成为世界级专家的事情。（友情提示：很久以前就有人告诉我，世上共有三种专家——专家、世界级专家、独一无二的世界级专家。要想到达你想去的地方，要想获得成功，你至少得让自己成为世界级专家。）

3. 你必须相信自己，不要让任何人动摇你的信念。

4. 你必须从每天早上醒来就保持“好！”心态，并让这种心态强大到足以打败“不好”。

如果你已经具备了以上所有要素……

4.5. 你必须甘愿努力工作。不只是“不惜一切代价”，而是真正看到完成和实现后的愿景，并朝向它努力前进，全力以赴，不舍昼夜。

成功秘诀重述：如果你心存热爱，如果你满怀相信，如果你相信自己，如果你愿意起身行动、努力工作，那么你就能照着自己的方法，一路抵达成功。

我刚刚已经告诉你秘诀了。可是，你为什么还不往前迈步呢？你为什么还不赶紧跃向成功呢？

我来告诉你为什么吧：

- 我没有告诉你我是从哪个故事中总结出这一理论的。
- 我没有向你展示任何证据证明我的理论行得通。
- 你想了解有关“怎么做”的更多详细内容。
- 你不知道你想做什么。
- 你不知道你喜欢做什么。
- 你不愿意冒这种风险（信念不坚定的一种表现）。
- 你不愿意拿自己的房地产收益或购车款来冒险。
- 你并没有真的那么迫切想要成功。

大多数人对自己每天的例行公事并没有太多热情，甚至根本没有热情。他们往往梦想着去其他地方实现成功，而不肯把握住自己手中已有的机遇。[也许现在是时候去阅读或者重读鲁塞·康维尔（Russell Conwell）写的《钻石宝地》（*Acres of Diamonds*）了。]

照搬别人的成功公式，你未必能实现自己的成功，除非别人卖的产品或服务恰好能契合你的热情。

你朝思暮想的成功公式，其实就藏在你内心。你所要做的一切，就是安排一些独处的私人时间，反复思量，用心发现。关掉电视机一段时间，留给自己一些精神自由，去阅读，去写作，也许它就会悄悄降临。

一旦你有了想法，你就必须制订计划。计划不光要能帮助你执行，计划还要能厘清思路，理顺细节，然后采取行动——用尽全部力量（采取行动的唯一方法）。

还有一项要素：勇气。你还要鼓足胆量和毅力，让你开始上路，一步一步，坚持到底，美梦成真，最后欢庆胜利。

你萌生出想法，你制订好计划，你规划好蓝图，
你培养出热情，你迈出第一步，你就能获得成功。

其实你第一次看到《绿野仙踪》（*The Wizard of Oz*）里的多萝茜时，你就已经学到了这一课。如果你有了头脑，有了心脏，有了勇气，有了前往奥兹国的不屈不挠的渴望，那么成功就属于你。

你根本不需要成为巫师。你只要做你自己。

如果违反法则：这条法则牢不可破，因为如果对自己所做之事缺乏热忱，就会令你的性格和成长有所缺憾。如果对自己所做之事缺乏热忱，就会拖累你的理想、你的信念、你的态度、你的动力，白白浪费你打造充满激情且感染人心的信息的能力。如果你对自己所做之事缺乏热忱，还会影响你的注意力、你的贡献力、你的专注度。哦，还有，还会让你的收入大打折扣。这也绝对不是你想要的。

如果遵从法则：你就会自然而然去做事。你的信念和热情能感染他人。你的信息也能感染他人。你就会像戴尔·卡内基在《人性的弱点》（*How to Win Friends and Influence People*）、《人性的优点》（*How to Stop Worrying and Start Living: Be Yourself!*）等经典书籍中描述的永恒主题那样生活。如果你能付出真实的自我，就会促成真实的交流。真实会成为信赖和关系的基石。如果你能热爱所做的工作、所演示的东西、所代表的对象，客户就会购买，就会保持忠诚，就会向他人引荐。

需要注意的是：如果你不喜欢自己的工作，请不要对我说“我需要这份工作”。如果你对自己的工作没有热情，请不要对我说“这只是暂时的”。我才不吃那一套。这些话只能说明你乐于追求“安定”，缺乏冒险的勇气。可悲的是，很多人一生都会安于平庸和遗憾，甚至苦痛怨恨或愤世嫉俗，从来不知道世界还有更多可能。

更需要注意的是：请不要太早辞去你现有的工作。请先做好计划。备好缓冲时期所需的资本（金钱）。做好安全出口。不要弄得两败俱伤，也不要留下不良记录。

最需要注意的是：当你得到你想要的东西时，你最好做足准备。如果你打算不久后就离开，你最好现在就开始学习。做好准备，迎接胜利。

啊哈！问问自己：“我会无偿做这份工作吗？”（如果这份工作能让你做你真正想做的事，帮你积累经验，那么我建议你无偿替某家公司做事，但要限制好投入时间，定下硬性的结束日期。）

啊哈！问问自己：“这份工作能帮我向前发展吗？”“我更愿意做什么工作？”“我有没有勇气迈出自我实现的一步？”

实现关键：热爱你的工作，热爱你的产品，热爱你的公司，热爱你的生活，这些都会帮你使销售量翻番。重要方法：阅读马尔科姆 · 格拉德威尔（Malcolm Gladwell）所著的《异类》（*The Outliers*）。这本书会帮助你理解，把时间精力奉献给你热爱的事会怎样让你好运连连，让你一帆风顺，让你财运亨通。不要制订行动计划，要制定人生规划。描绘出你最理想的职业、工作以及实现地点。接下来，将它与你现在所做的事比较一番。噢，多么痛的领悟！设计好路线，让你能从“这里”顺利走到“那里”。转变好心态，把“对失败的恐惧”转换成“对冒险和成功的兴奋”。起飞吧！

如果你热爱所做之事，

那么你的热情会带领你走向成功，

你的成功会带领你走向成就。

——杰弗里 · 吉特默

采取正确行动

还有一条法则，远远凌驾于所有其他法则之上。这条顶级法则地位太高，根本没办法用哪个数字来为它标号。事实上，它也是所有其他法则的一部分，所有其他法则都因为它才有意义。这条法则就是：采取正确行动。

当然，我本来也可以说成是采取行动。但是，那样就不能保证你会采取“正确”行动了。行动能帮助你掌握这些法则，赢得声誉，做成更多销售，打造品牌，扩展人脉，建立客户忠诚，从而培养回头客、获得引荐。

我想你已经大概明白了。

现实：要想掌握每条法则，必须采取正确行动。而有责任采取行动的人就是你（也只有你）。

下面是采取正确行动的必要因素：

采取正确行动，不要顾及外界压力。考虑到竞争和酬金，往往能促使你采取短期行动，但之后反而会给你造成伤害。

采取正确行动，不要顾及销售计划。不要强买强卖，不要做自私自利的推荐。相反，要做最有利于客户的事。

采取正确行动，考虑客户利益最大化。考虑客户的生产效率和利润，而不要只盯着自己的销售任务。

采取正确行动，追求短期成功和长期成功。确保你的短期行动经得起时间的考验。

采取正确行动，顺应你的职业发展。职业道德和业界声誉都由你的行为来决定。

采取正确行动，考虑家人利益最大化。家人至上是你的最佳策略。如果你采取的行动永远对家人有利，那么家人一定是永远支持你的人。

这些行动——正确行动——会促成更快、更容易、更大规模的销售，从现在到永远。

下面是采取行动和采取正确行动的几个对比例子：

- 采取行动可能意味着跟进随访。采取正确行动则意味着你已经留下了价值信息，或者给潜在客户送去了能帮助他们的信息，而不只是伸手要钱。
- 采取行动可能意味着挤出时间扩展人脉。采取正确行动则意味着你已经做好了每日约见的准备工作，与现有客户会面，并为他们带去潜在客户。
- 采取行动可能意味着每周与客户保持联系。采取正确行动则意味着你已经向客户发送了电子邮件或者电子邮件杂志，告诉他们怎样提高生产效率，怎样提振士气，怎样增加利润，或者与他们分享一些“最佳实践”。

还有两项因素：这两项因素是通往“采取正确行动”之路的关键。从表面上看，这两者似乎没什么难度，但我（基 50 年来的努力经验）向你保证，它们是最具有挑战性的。这两者分别是自律和持之以恒。

自律是持之以恒的驱动力。

你一心想要减肥，但你缺乏自律，也没有持之以恒地采取正确行动让美梦成真。你很清楚该怎么做，你也很清楚什么才是正确的事。但你没有这样做。

你一心想要做成更多销售，但你缺乏自律，也没有持之以恒地采取行动让更多销售成真。你很清楚该怎么做，你也很清楚什么才是正确的事。但你没有这样做。

你没有持之以恒地采取行动，取而代之的是自满。这可不好。

秘诀如下：请从小事做起。每天做一些小事情。每天清晨找客户一起喝咖啡，每周向你的电子邮件联系人发送有价值的信息，一次只做一项决定，完全掌握一件事之后再开始下一件。

我已经领悟到自律和持之以恒的价值——既包括自我实现，也包括货币奖励。这本书就是我的自律和持之以恒双管齐下造就的典范。写书需要自律，写 12 本书则需要一种持之以恒的精神。

我现在唯一要做的事就是减肥了。

你必须。我需要。我将会。

本书所述的21.5条销售法则，每一条的写作宗旨都是让你容易理解、可以随时付诸行动，目的是希望你能做成更容易、更快速、更大规模的销售。这是本书的承诺。这也是我的承诺。但你才是真正采取行动和掌握主动的人。

本书所有法则都是你成功销售的基础，你据此可以采取即时的行动。对我来说，把这些法则视为行动，可谓再清晰不过的路径，从而把本书的信息和承诺传达出去。对你来说，这是你需要实现和掌握的一项挑战。

6.5分钟，改变你的一生：

1. 回头翻到本书目录，花两分钟时间，大声朗读一遍每一条法则，请边读边在每条法则前面加上“你必须”3个字。这些法则被设计成戒律，或者称为命令。“你必须”这几个字能帮助你理解这些法则。

2. 然后，再花两分钟时间，大声朗读一遍每一条法则，这一次请边读边在每条法则前面加上“我需要”3个字。这一行动会让你确信，你需要理解，你渴望实现。“我需要”这几个字能激起你的紧迫感，促使你采取行动。

3. 然后，再花两分钟时间，大声朗读一遍每一条法则，这一次请边读边在每条法则前面加上“我将会”3个字。“我将会”这几个字能帮助你形成掌握这些法则的自信和意图。很酷吧?

3.5. 然后，再花30秒时间，挑出你认为对你成功影响最大的5条法则。这些法则就是你想要掌握的最基本的5条法则。(你可以用荧光笔标亮。)

有了这本书，有了这些法则，有了你的行动，你就能用砖头和砂浆建成一座地基，这是你销售生涯的基础，这是你个人成功的基础。

祝你顺利!

起泡，漂净，反复。永远。

这本书不应该只读一次。这本书应该读一辈子。

要想掌握每一条法则，就少不了制订计划，少不了付出时间，少不了确立意图，少不了开始行动，而现在正是完美时机。

重要啊哈！这 21.5 条销售法则不应该看过就算了。这些法则还需要用心理解，需要付诸行动，需要认真掌握。而从阅读到掌握，还要做很多工作。我称之为“金钱工作”。这样听起来可能更让人愉快。当然也更容易做到。

我还想要把这些法则变成小事一桩、小菜一碟。

我敢肯定你会同意我的看法，这本书很棒。我敢肯定你会对自己说：“我要再读一遍。”

我希望你真的能再读一遍。但再读一遍还不够。多读几遍。掌握这些法则是实现销售成功和职业成功的基础和关键。难道只肯多读一遍吗？

这本书不应该只是再读一遍而已——还应该参加“法则”在线课程，反复学习，直到你能掌握，永远掌握。

我身为作家的整个职业生涯都在记载、描述、制定战略和教学，涵盖了销售、忠诚、心态、网络、信赖、演讲和领导的每一个环节。

这是我的第 12 本书，这也不会是我的最后一本书。

还有 10 本书已打好了草稿。

好消息来了：如今，我的所有作品、图书和网络讲习班都能在网上找到。你可以订阅“关于杰弗里的一切”（all Jeffrey, all the time），并能在所有设备上阅读浏览。

你要做的只是打电话给我，或者找我办公室里态度友善、乐于助人而又聪明能干的任何一位员工聊一聊。

办公室电话：704-333-1112

我们的办公时间：24 小时 / 7 天 / 365 天

站在灯塔海滩，从不同的角度看看我反射出来的样子

你会怎么理解“反射”这个词呢？

此时此刻，我身处阳光灿烂的户外，站在俄勒冈州海岸俯瞰着太平洋。这里被称为“灯塔海滩”，因为阿拉戈角灯塔是视野中最吸引人的景色。莫非不是？

事实上，海浪重重拍打着海滩和岩石，激起千堆雪一般的壮丽景象，如此图景实在是难以言表。你真得来这儿。你真得亲自来看看。

头 10 分钟，我的视线一直离不开这画面，满怀敬畏。

在那之后，我开始整理自己的思绪。想起自己去过的其他漂亮的地方。想起我该去做的各种未竟之事。梦想和意图。当然，只是陶醉在那一刹那。

从作家的眼光来看，这里可能应该叫作“梦幻之地”。从思想者的角度来看，恐怕也没有别的地方能像这儿一样，让人层出不穷地涌现各种新想法。

现实：大千世界，包罗万象，我只不过是生活之海岸边的一颗沙粒。但今

天，我能在这里尽享它的荣光。我心存感激。

不管我在不在这儿，大海的波浪始终都在无情地翻滚着。虽说今天是个相当平静的日子，但我看到这里的海洋是那样凶猛，很难用言语来描述。大风、大雨、大浪，频频朝岩石冲撞过去——整片汪洋大海犹如一锅煮开了的沸腾之水。

“那又怎么样？”你很可能在想，“你在海边欣赏海浪，而我在我的办公室这儿忙得不可开交，要么在做陌生电话访问，要么在外面做销售约见，干得汗流浃背，要么在跟进几个永远不会回我电话的家伙，要么（更糟糕的是）就是价格谈不妥。”

这些是你的问题，但就在你最忙最乱的时候，我们也会有共同之处：现在是时候反思自己了。我说的不是每天早上从镜子里看看自己的样子。我说的是更大的反思。对时间、成就、成功，以及实施过程的反思。人生的反思。

当我在纽约城里做陌生拜访时，做成销售是常有的事，但更常有的事则是被杀得片甲不留，一次又一次地失败，却从没让我有所省思。我深陷在这种旋涡里，却没能静下心来反省自己，看看我本该做到的其他事，看看我本可以（本应该）变得多聪明——看看我本该抓住多少机遇。

经过反思，你发现自己是什么样的？而这些反思又对你的行动、你的成就、你的成功产生哪些影响？反思不仅仅与销售有关，反思还是人生的重要组成部分。反思构成了你的人生。

除了销售，反思还关于曾经影响过你的那些人、那些时刻、那些书。关于你一路以来学到的经验教训。关于做完的事，没做完的事。关于你的遗愿清单，以及马上要划掉的下一件事。关于你目前的情况，关于你如何成为现在的样子。

虽然现在我反思自己已经变得相对容易，但对你的人生来说，反思也会在某个时候开始。我不知道是哪一天，你也不知道。但我保证，总会有那么一天。而当那一天到来，就会为你开辟一个崭新的世代——一个广袤的世代，不再是眼睛只盯着配额的世代。相反，你会认真观察自己的生活。当这场转变开始发生，你的销售额绝对会翻番。

你不会再因电子邮件的标题栏该怎么写而烦恼。相反，你会采取行动，打造你的个人声誉、你的个人品牌，以及你在市场中的地位。

这场转变还会帮助你从销售员晋升为销售领导。不是销售经理——是销售领导。你领导自己的销售项目，你领导自己的销售方式，你领导自己的销售计划，通过你在客户那里形成的领导力，打造自己的声誉。

你手中掌握着：客户谈论你的方式。客户提到你的方式。客户向其他人引荐你的方式。客户奖励你——不仅是以交易的形式，还有引荐和美誉的形式——的方式。

但愿这些美誉能展现在你的社交媒体个人资料上，他们的博客上，或者他们的网站上，当然还有Google上。

对你们当中的某些人来说，现在说这些没什么意义。为什么？很简单，你还没有走到反思这一步。记下这一页吧。你的那一天终会到来。而且就像我说过很多次的那样，当你得到你想要的东西时，你最好做足准备。

今天我弄清楚了——非常清楚，知道我要做成销售该做些什么（反思），还解释了你该做些什么才能提高销售业绩，直到你能开始反思自己，沐浴在阳光中，徜徉在海洋里，任由海浪冲击着海岸。

挑个时间，挑个地点，出发吧。

后　记

我在海滨游览期间，写下了《销售圣经 2》的大部分内容。写作过程中我感受着太平洋赋予我的灵感，让文字饱满充实。相信本书将帮助数十万名（也许更多）销售员奠定扎实的销售基础，更好地理解销售，以更成功的方式完成他们的销售过程，并且与更多的人做成更多的销售，从现在开始！

附　录

杰弗里·吉特默　首席执行销售员

作者。杰弗里是《纽约时报》畅销书《销售圣经》(*The Sales Bible*)、《销售小红书》(*Little Red Book of Selling*)、《人脉关系小黑书》(*Little Black Book of Connections*)和《"好！"心态小金书》的作者。杰弗里所著的所有书都荣登亚马逊网站畅销榜排名第一的位置，其中包括《客户满意一钱不值，客户忠诚至尊无价》、《销售解答小红书》(*Little Red Book of Sales Answers*)、《畅通无阻小绿书》、《轻松赚钱小铂书》(*Little Platinum Book of Cha-Ching!*)、《信赖小青书》、《社交攻势》(*Social BOOM!*)和《领导力小书》。杰弗里的著作销量达百万册，读者遍布世界各地。

每年超过一百场演讲。杰弗里为公众和企业开办讲习班，召开年度销售会议，组织现场和线上培训课程，传授销售、"好！"心态、信赖、客户忠诚和个人发展等知识。杰弗里还培养了"吉氏认证演讲家"团队，把他的资讯传递给更多受众。

大企业客户。杰弗里的客户包括可口可乐、美国食品服务公司、卡特彼勒公司、宝马、威瑞森电信、马基高公司、希尔顿集团、企业租车、AmeriPride

公司、NCR公司、IBM公司、康卡斯特、时代华纳、利宝互助保险公司、信安金融集团、富国银行、蓝十字蓝盾协会、嘉士伯啤酒、奥马哈互惠理财与保险公司、AC尼尔森、西北互助人寿保险公司、大都会人寿保险公司、Sports Authority公司、葛兰素史克、《纽约邮报》等数百家企业。

每周数百万名读者。杰弗里的联合专栏《销售动能》（*Sales Moves*）刊登于美国和欧洲多家行业期刊，读者群每周超过400万人。

互联网。杰弗里的"哇！"网站（www.gitomer.com）每周来自读者和讲习班出席者的点击量达数千。杰弗里在互联网上的广泛影响力和他的电子商务才能，不仅在同侪间树立了标准，更是赢得了来自客户的高度认同和交口赞誉。

网上销售培训。杰弗里提供多种屡获殊荣的网上销售培训课程。课程内容完全是"杰弗里式"——乐趣、务实、真实、即学即用。这些个性化模块已经进入定制化电子学习领域的领先行列。

实时网络讲习班。杰弗里与"销售王牌"的CEO安迪·霍纳（Andy Horner）合作，开创了一系列新锐的网络讲习班，数千名商务人士谋求参与，以磨炼自己的销售、品牌、关系、沟通、营销和成功技能。每一场网络讲习班都经过精心制作，集培训、娱乐、励志体验于一体，富有创意、视觉效果和即学即用的技巧。

《销售咖啡因》。杰弗里的每周电子邮件杂志《销售咖啡因》在每周二上午发行，订阅用户超过25万人。借由《销售咖啡因》，杰弗里一方面传达出有价值的销售信息和战略，另一方面也适时为销售专业人士所面临的困境提供解答。如需订阅或了解更多信息，请访问www.salescaffeine.com。

企业社交媒体。关注杰弗里和他的社交媒体页面，包括Facebook、Twitter、

LinkedIn、YouTube和salesblog.com。他每天都会发布新的想法、事件和特别优惠活动。杰弗里的社交媒体拥有超过5万名关注者，YouTube频道的播次数超过100万次，如今他的吸引力和参与度已到达顶峰。

线上销售评估。“成功度”(successment）是世界首套个人定制销售评估工具，不仅能让你在12个关键领域测试自己的销售技能水平，还能为你提供一份包括36节迷你销售课程的诊断报告。这套神奇工具能全面评估你的销售能力，并指出你要取得销售发展应该补足的相关知识。

“销售王牌”。杰弗里协助开创了第一个客户关系管理（CRM）项目，该项目能切实帮助销售员做成销售，目前该项目用户达数千人。这个项目的惊人之处，你恐怕得试过才会相信。如欲了解更多信息，注册并获得免费试用，请访问www.aceofsales.com。

演讲家名人堂。2008年，杰弗里经同行评选，入主美国国家演讲家协会名人堂。该“同行审议卓越奖”（Counsel of Peers Award for Excellence，简称CPAE）旨在表彰成绩卓越、登峰造极的出色演讲家。获奖者由业内同行经过严格而苛刻的投票流程评选出来。每位候选人必须同时擅长如下几个方面：演讲材料、演讲风格、演讲经验、演讲姿态、演讲形象、职业精神和演讲沟通。

读完每条法则之后，

请在一个小时内采取正确行动。

读到然后做到，方能融会贯通。

——杰弗里·吉特默